U1011127

回眸情依旧

陈佐洱◎著

中国文史出版社
CHINA CULTURAL AND HISTORICAL PRESS

图书在版编目（CIP）数据

回眸情依旧 / 陈佐洱著 . -- 北京 : 中国文史出版社 , 2022.4

ISBN 978-7-5205-3506-9

Ⅰ . ①回… Ⅱ . ①陈… Ⅲ . ①陈佐洱—回忆录 Ⅳ . ① K827=7

中国版本图书馆 CIP 数据核字 (2022) 第 058827 号

责任编辑：梁玉梅

出版发行：中国文史出版社
社　　址：北京市海淀区西八里庄路 69 号院　**邮编：**100142
电　　话：010-81136606 81136602 81136603（发行部）
传　　真：010-81136655
印　　装：北京新华印刷有限公司
经　　销：全国新华书店
开　　本：16 开
印　　张：17.25
字　　数：228 千字
版　　次：2022 年 6 月北京第 1 版
印　　次：2022 年 6 月第 1 次印刷
定　　价：58.00 元

文史版图书，版权所有，侵权必究。
文史版图书，印装错误可与发行部联系退换。

目录

辑一　哀哀父母，生我劬劳

辑二　桃李教　自难忘

辑三　在历史的转捩点上

辑四 从掌纹中走出来

辑五 大竹岚啊大竹岚

辑六　珍爱　遥祝

辑一

哀哀父母，生我劬劳

哀哀父母，生我劬劳

——在厦门大学“陈汝惠教授创作与学术研究研讨会”上的讲话[1]

今天与会，百感交集。感谢校、院、系领导和专家、老师们的热心建议、支持，在家父逝世10周年之际筹办了这个研讨会。

父亲是中国千百万知识分子中的普通一员。老家在上海宝山，10岁时爷爷去世，大伯陈伯吹挑起了六口之家的重担，小学毕业就当了家庭教师，边教书边写作。五弟父亲步其后尘，15岁从吃饭不要钱的乡村初等师范毕业后当了小学教师，同时插班攻读高等师范，17岁就踏入上海立德中学教书。兄弟俩年轻时就以锦绣文章立足上海滩，大伯先后被北新书局、中华书局聘任为编辑，逐渐成为有“东方安徒生”称号的儿童文学家；父亲则是活跃于抗战时期上海的“孤岛文学”作家，著有《女难》《淡水》《死的胜利》等小说和大量杂文，他的人生理想是“要叫爱永远在人类的命运里光耀着”。

1945年8月抗战胜利，父亲起草并组织印发了《告上海市民书》，百万市民争相传阅。1947年在国民党与三青团党团合并前夕，他拒绝高官厚禄利诱，冒着生命危险公开登报声明退出三青团。之后，在中

---

① 2008年10月25日讲于厦门，2012年8月29日改于北京，原载于《我的老师：赞化杯“我的老师”全球华文散文大赛获奖作品集》，百花文艺出版社2013年版。

我的父亲陈汝惠

共地下党领导下创办了上海市江湾中学，推行进步教学，资助师生投奔解放区，积极迎接解放。1948 年商务印书馆出版了他的教育学论著《父母与子女》，被大夏大学破格聘为教育系副教授。新中国成立伊始，第一任教育部部长马叙伦先生把父亲介绍给新上任的厦门大学校长、经济学家王亚南，转而南下任教。

他一辈子当教师，热爱这个神圣的职业，热爱工作和生活了三十余年的厦门大学。他虽然没有什么突出的贡献，但勤恳，愿意学习和进步，与人为善。上世纪 50 年代，是家父人生中最美好的时期，除了大量教学科研活动和社会活动，几乎每年都有一篇以上有分量的论文在《学报》发表，散见于全国、省、市报刊上的文章更多，这期间他还带领教研室的同事们主编了中国第一部《高等学校教育学讲义》。

他的中青年时期，经历了一场又一场惊心动魄的战争，日本宪兵上门抄家、张榜悬赏抓捕他，国民党当局上海警察局长毛森把他列入秘密追杀黑名单，连婚恋、成家、生子，也都在颠沛流离的动荡中度过。我清楚记得 1949 年上海解放的那天早晨，他终于告别颠沛流离回到家，喜形于色地打了一个又一个电话，和亲戚朋友们相互庆祝、欢呼："解放了，上海解放了！"然后带我上霞飞路，观赏整整齐齐露宿在街头的人民解放军，啧啧赞不绝口。

我自幼视父亲为慈父、导师和挚友。我最早接触到的中外名著梗概，都是每天早晨钻进他的被窝里，以不讲一段故事我就赖着不起床、他也睡不成觉（时值他在正言报社兼职，上夜班）的方式获得的；后来又是他借助厦大图书馆让我读到了这些原著以及更多的名著。他手把手地教我写作。我 13 岁在福建省文联刊物《园地》上发表了处女作散文，从此一发而不可收。有一次我问父亲：“作家是否就是最会讲故事的人？”父亲似乎认为我悟到了一点真谛，欣喜地拍拍我的头。

家庭最愉快的时光是一家人围坐着，边吃晚饭边海阔天空地漫谈。父母亲都是学教育学的，擅长正面教育，从不打骂，甚至可以对父母的批评提“抗辩”，他和颜悦色地听，引导民主讨论，直到以理服人。我们也常讨论时事政治，记得是 1958 年或 1959 年，有一次谈到毛泽东主席和苏共中央总书记赫鲁晓夫，父亲说：“毛主席要伟大得多，如果让我替毛主席死，为了毛主席，我情愿；如果让我替赫鲁晓夫死，我不情愿。”

父亲对于毛主席的崇拜是真心实意的，早在 50 年代他就接连在《厦门大学学报》上发表论文《〈实践论〉与教育原则》《〈实践论〉与教

1946 年 10 月父母亲和我

育过程》，结合二十多年在大中小学里教学的实践，阐述了研学毛泽东思想的心得体会。1964 年 2 月的寒假，我面临大学毕业前的考研，写信告诉家里不回去过年了，不料父亲竟从厦门赶来福州帮我备考。我们在招待所租了一个小单间，两张单人床之间小小的写字桌上堆满了中外文资料。父亲按假期天数给我拟了一份复预习计划表，其中印象最深的就是讲授他正在给厦大中文系写作课讲的关于《矛盾论》与文学创作的内容，从构思、选材到下笔、修改全过程都离不开“矛盾论”哲学。他说《实践论》和《矛盾论》是毛主席辩证唯物主义哲学思想的精华所在，佩服得五体投地：一切实事求是，遇事抓主要矛盾，弄清矛盾的主要方面，促进矛盾向好的方面转化……不仅从事文学创作，任何时候任何领域都用得到，而且无往而不胜。我至今记得他一边在纸上画图，一边深入浅出循循善诱的样子，这是我终身受益的哲学启蒙课程。

他在经受旷日持久达 18 年的“内部审查”过程中，不管遇到多大多残酷的压力，始终实事求是地申诉自己曲折的历史真相，因为他坚信“两论”中精华的精华——具体情况具体分析是马克思主义活的灵魂。这一精华所在也是我们全家人的共同信念，支撑我们始终“相信群众，相信党”。

经过了“文革”浩劫，他晚年特别感恩邓小平同志。上世纪 80 年代初，苏小明的《军港之夜》流行，有一次当他听到“年轻的水兵头枕着波涛，睡梦中露出甜美的微笑”，好像想起自己居然结束了长长的噩梦，错案获纠，可以闭目养神乃至无忧无虑入睡了，竟热泪盈眶，直呼“小平同志”，向北方三鞠躬。

90 年代初，他从厦门大学高等教育研究所退休，我接他和母亲来北京同住。将近二十年极左路线制造的冤假错案、十多年的学术研究成果被自己一手提携的人剽窃并被欺压，等等，一连串遭遇使得他过

1993年大伯、父亲、佳洱和我

早地衰老健忘，开始出现痴呆症状。他去公寓楼道里倒垃圾，往回走却找不到家门了。

但是，他没有忘记儿子正代表国家参与与英国谈判收回香港的大事。深更半夜，儿子没回家，他就佝偻着腰坚持守门。那天，我回到海淀区翠微北里的家，早过了电梯运行时间，楼道漆黑，摸索着墙壁上楼，掏钥匙打开家门，看见灯光下白发苍苍的老父亲正坐在对门的沙发椅上。他慈蔼地端详着我，用我童年时就熟悉的语调，重复一句话："英国是老狐狸，要当心。"

我一身的疲劳顿消，脑海里浮现出少年时合家围坐的情景，父亲和我们弟兄仨高谈阔论，兴致勃勃地引导我们演习逻辑推理，执着地探求真理。还有，记起我参加厦门市中学生演讲比赛前夕，父亲一句一句辅导我咬文断句、比画手势……那时的父亲恐怕想不到，他倾注心血培养的儿子40年后能在钓鱼台国宾馆的谈判桌前为国家效力。

1998年8月底，我从紧张筹备澳门回归的南方回京，特意在杭州小停，看望已迁居二弟处的父亲。我从饭店里带了几个菜到家，和他一起吃午饭，他已经不爱说话，但脑子清醒。我说起自己小的时候，爸爸你曾经赞同我说作家就是最会讲故事的人。你给我讲过很多很多故事，你也写过很多很多故事，有给大人们看的，有给孩子们看的。……他听到这里，流泪了。我说我以后从部长岗位上退休了，也学你和大伯，继续写作。他任泪水滚淌满面，连连点头。

一周后，我接到了父亲突然逝世的噩耗。

生老病死本是生命规律，人之常情。而逝后还被纪念，倒是值得欣慰，弥足珍贵。今天，厦门大学人文学院、高等教育学院和海外教育学院在这里联合举办“陈汝惠教授创作与学术研究研讨会”，这对于家属不仅仅是荣幸，而且也是个很好的学习，向在座的诸位学者、老师，青胜于蓝的后起之秀们学习。同时，相信历史会再次对他作出一个实事求是的小结。

再次谢谢大家！

妈妈的百年人生[①]

这是一个酸枝木的骨灰盒，四围和盖顶镶嵌着朵朵玉石祥云，正面镌刻了全篇《心经》，还有一张十年前93岁妈妈神采奕奕的小照——经历烈火淬炼后，妈妈一生的精粹安息在这里。

酸枝木是红木类的上品，她童年时生活在上海新闸路赓庆里外公家，客厅里的八张太师交椅，用的也是一样材质。

我妻说，妈妈的一生就像抛物线，从生命的起点落到了同一水准的终点。一个多世纪里，她攀了多少个坡，又滑了多少个坡，有多少悲喜兼集，坎坷和成就？

妈妈生前的工作单位厦门大学外文学院的《李荷珍同志生平》写道:“李荷珍同志籍贯江苏南京，生于1916年6月，1939年毕业于大夏大学心理系，毕业后至1941年，留校任助教。解放后刻苦进修俄语，成绩卓著，翻译许多俄文著作。1952年被推荐进入厦门大学外文系长期从事公共俄语教学工作。1963年以后，因工作需要，及其本人英语功底深厚，逐步转入公共英语教学，并担任公共英语教研室副主任，直至1972年9月退休。改革开放后被聘请到厦门大学高等教育研

① 原载于《上海文学》2018年11月号。

究所，从事《外国高等教育资料》的编辑工作。李荷珍同志数十年如一日甘作园丁，辛勤耕耘……”

苦恋与家国情怀

妈妈的外公是跟随李鸿章办洋务的一家银行行长，四十多岁就退休，在上海置业当起了寓公。老太公除了琴棋书画，在家最疼爱的就是这位外孙女和一只黄白花狸猫，全家上下皆称呼妈妈“大小姐”或者“猫小姐”。

“大小姐”早晨搭舅舅专用的人力黄包车上学，把车上的铃铛踩得叮当响；下午放学，先去看场新上映的电影，外带一杯冰激凌；到家便是晚饭时间，饭后必小休一个多小时，大约 8 点半才起床写作业。英租界工部局学校的功课抓得紧，要求很严，但是妈妈每学期各科成绩几乎都是优良。妈妈就这样无忧无虑、平平淡淡地度过了 20 年“大小姐”生活。

1937 年 12 月，已经在南京金陵女大化学系就读的妈妈回上海过寒假。震惊世界的“南京大屠杀”事件，轰然改变了她的人生。她庆幸自己躲过了这场梦里都被吓醒的灾祸，死难同胞们的惨容却久久挥之不去。

她只得就近转学，上海大夏大学心理系接受了她的申请。没有国，哪有家？——“大小姐”脑海里第一次严肃思考这个重大问题——国家兴亡，匹夫有责！

当美国米高梅的电影《魂断蓝桥》和主题曲《友谊地久天长》风靡上海滩，妈妈在租界为之激动不已的时候，她从《译报》、《小说月报》、大夏校刊上认识了一位满腔国仇家恨、才华横溢的穷学生，越来越志同道合、情投意合的同班同学——我的爸爸。妈妈毕业后留校当助教，爸爸则比妈妈晚两年才修满学分，因为半工半读，在校外兼职家庭教师。妈妈说，追求她的年轻人很多，校内外的都有，但是她一心等待的只有每天下班时出现在办公楼下的那辆 28 寸旧自行车和自行车旁站着的人。人车未出现时，老向窗外张望，除了盼，更有惊，因为已经知道他参加抗日秘密活动。人车出现了，她又故意拖点时间才离开办公室，那是一种矜持；等坐上自行车的后架，她又会回头扫视，那是一种骄傲，因为总有一两位他的女粉丝“盯”在马路对面路灯下。几十年后，我们问妈妈不怕爸爸等急了，一走了之吗？妈妈沉着地说不，他不是那种人。

爸爸妈妈的婚礼在上海最高档的 24 层楼国际饭店里举行，但没有婚宴，只备下午茶点。回到西马路上租的一居室新家，与新郎、婆婆共进的“晚宴”，就是走廊里煤球炉子上的一条红烧小黄鱼。她是带了一笔数目可观的嫁妆来的，之前外公问她，就这一笔钱，究竟是要去美国留学还是嫁人？她很干脆地回答，嫁人。从此以后，我的爸爸妈妈生死相随，以沫相濡 57 年，为人生为社会缔造了我们这个小小的五口之家。

由于叛徒出卖，又由于好房东冒死掩护，日本宪兵破门而入并没有抓到爸爸，妈妈抱着襁褓里的我仓皇出逃，颠沛流离，心里还牵挂着不知去向的丈夫……

抗战胜利不久，爸爸拒绝高官厚禄诱惑，公开登报声明退出三青团，同时与中共地下党建立了多方密切合作。市警察局长毛森把爸爸列入“格杀勿论”的黑名单。爸爸又不得不离家东躲西藏，妈妈那颗“一听见日本宪兵皮靴声就心惊肉跳”的心，又颤巍巍提了起来，直到大上海解放。妈妈回忆说，年轻时候不知道什么是祖国，为什么要爱国。后来知道了，又为什么爱得那么苦？

园丁天职始终如一

妈妈确实热爱新中国新社会，她不仅和四万万七千五百万同胞一样，在毛主席开国大典的洪亮声音中抬头挺胸站起来，而且重新走入了她终身喜爱的教师队伍。为了准备这一天的到来，上海刚解放几个月，她就报考了俄语专科夜校，那年我已七岁，两个弟弟分别四岁和二岁，家里请了保姆，她逐步从专职主妇的角色转换出来。

妈妈有语言天赋，擅长摸索语言的内在规律，会讲上海话、南京话、普通话和普通的闽南话，一口流利的伦敦英语，60 年代初还学会了世界语，这种优势基因也遗传给了我们三兄弟。但是，梅花香自苦寒来，小时候夜里醒来，常常看见她在灯下轻声地读诵俄语，捧着厚厚的《俄华词典》翻译苏联儿童文学名著；白天，还看见她和原来素不来往的邻居白俄老太太交起了朋友，甚至和她们一起去苏联领事馆看原版电影。

她受聘厦门大学后，我们举家迁厦，与先期经共和国第一任教育部长马叙伦推荐、随新校长王亚南一起到厦大任教的爸爸团聚，这是

1959 年全家人在厦门鼓浪屿

家庭非常重要的一次转折，其中妈妈当是关键因素。

50 年代初，我亲眼看见妈妈在厦门当时最著名的思明电影院舞台上，为苏联专家担任翻译，我为妈妈感到自豪。妈妈的公共外语课程开到文理多个系，深受学生们欢迎，常有些“大哥哥大姐姐”来家里“玩”，接受妈妈的个别辅导。记得有位生物系的俄语课代表姓李，家里穷，成年打赤脚，大个子，常吃不饱，妈妈给买了双运动鞋，还接济过他几次粮票。这位李哥哥毕业后分配到天津市一个研究所，结婚、生孩子都来信告诉妈妈。还有一位姓章的老工程师，快 80 岁了，由儿子搀扶着，历经周折找到北京我的家，自称是妈妈早年在大夏大学执教时的学生：“李老师的英文教得实在好，实在有耐性，印象深极了！”

“文革”中期，妈妈被“下放”到崇山峻岭的闽北浦城乡村当中学语文老师，独自住在一间条件极差的干打垒竹篱笆围起的宿舍里，房门前摆一个小木炭炉子，独自烧水做饭开伙。但是，她依然秉持传道授业的天职，有教无类，掏手帕为孩子们擦汗擦鼻涕，在煤油灯下认认真真备课，仔细批改一本本作文，甚至跋山涉水家访，她的行为赢得了当地众多朴实的农民和公社干部们的尊敬。退休时，都来为她执行李，送纪念品，依依不舍。

妈妈之所以 56 岁就提前退休，是因为厦大军宣队答复，只有办理退休手续她才能回户籍所在地厦门。妈妈放心不下孤苦伶仃在“监督劳动”中等待历史结论的爸爸，只得申请退休。

贤妻良母擎天柱

尽管妈妈重回人民教师岗位，还被评为全厦大的“三八红旗手”，但她在家里坚守贤妻良母的本色：主理家务，关注孩子们“身体好，学习好，工作好”，较大的开支如买一副康乐球，都要和爸爸一起拍板。上世纪 50 年代，一家人围桌吃晚饭，是每天最快乐的时光，边吃边聊，天文地理、古今中外，谁都可以海阔天空一番，主心骨永远是爸爸。妈妈经常和我们一起倾听，不会另设话题，好像此时她不是长辈，而是我们三弟兄的班长。

每个孩子都能讲出几个关于母亲治家的故事，都能津津乐道母亲做的几道拿手菜。我们家的几道“妈妈菜”已经在三兄弟的小家里传承到第三代，成了“奶奶菜”。妈妈善用火腿吊鲜味，拿手菜是冬瓜夹火腿清蒸、火腿笋尖汤，还有西式甜点奶油杨梅布丁。我最难忘的是新中国成立初期爸爸一人执教，少有稿费。家庭经济拮据时，为了保证三兄弟营养，饭后有水果吃，但买的是烂橘子，我们每人“贡献”她一两瓣。有个冬天，很冷，妈妈带我上街，破天荒地在瑞金二路老大昌干货店买一小袋糖炒栗子，至今仿佛感觉得到糖炒栗子在她大衣兜里的热度，我的手和她的手一直插在那个大衣兜里。

然而家庭发生变故时，妈妈会勇敢地一步向前，成为缜密思维和果断决策的擎天之柱。1966 年“文化大革命”爆发不久，爸爸因历史错案被关进“牛棚”，妈妈被赶出家门，坐在楼梯口听红卫兵们在屋里乒乒乓乓打砸，她心痛，却问心无愧。那时我刚分配到荣获全国高考红旗的福州一中教书，虽然没有受到运动的“冲击”，心里却日夜挂念杳无音讯的双亲。我穿着用一套崭新卡其布中山装换来的旧军装，投入革命师生大串联的洪流中。一到厦门在接待站安顿下来，就把一封早已写好贴了四分钱邮票的信投进邮筒。我化名一个外地高校朋友来厦门大串联，向妈妈致以问候，征询某日几时能否来市区思明电影院门前一晤？我相信如果妈妈收到信，一定会认出我的笔迹。

在约定时间，我躲在公共汽车站附近等候，的确也怕自己被抓个“甘当 ×× 孝子贤孙”的现行。妈妈提前几分钟出现了，将近半年的“大风大浪”后第一次见到亲爱的妈妈。她穿一件淡色风衣，头发好像很久没有烫过，梳直了，苍老了许多；但是表情、语气没有哀怨和伤悲，反而开导说，那些出生入死打江山的老干部都不能幸免，你爸爸又算得了什么？有点儿呆板“硬邦邦”的语气，恐怕是天天面对专案组审查、写交代材料“锤炼出来的”，更可能是担心影响子女情绪“装出来的”。妈妈告诉我，她已从牛棚里“解放”出来，爸爸的历史疑点还不能澄清，要相信毛主席在《实践论》里说的，实事求是是马克思主义活的灵魂，事实一定会弄清楚的。你们的爸爸是上海滩有名气的抗日英雄，会做又会写，日本投降第二天国民政府的《告上海市民书》就是他起草的。他只是国共合作时期在上海沦陷区加入了三青团抗日地下组织，抗战胜利不久就脱离了，一直在中共地下组织领导下工作到上海解放。妈妈说，到哪里、哪个时候都可以为他做证明。妈妈所有的话，总括起来是三层意思：一是给我们子女吃“定心丸”，二是家里的麻烦还没有过去，三是相信群众相信党相信毛主席。她还说，你们可以和家庭划清界限，揭发批判都无所谓，只要不无中生有。要分手时，妈妈好似想起了什么，建议我既然大串联方便，就到各地亲戚那里走走，但是千万别贸然写信。这是妈妈对我进行的唯一一次发布性、指令性重要谈话。这次谈话，使得支离破碎的家庭、家族渐渐黏合，联系上了大伯、大舅、外公等几家主要亲戚。

1967 年初，革命师生全国大串联接近尾声，徒步大串联却方兴未艾。妈妈来信告知，年过半百的她和几个去年同在“牛棚”里关过的外文系老师成立了一支“战斗队”，将从厦门徒步走到广州去过春节。我急忙乘火车赶到广州打前站，在市中心北京路附近的一条宽巷子里，一家相当富裕的香港同胞家的大客厅里得到了妥善接待安置，房东对“毛主席的客人”相当热情。那时涌往广州过年的红卫兵太多，大中小学校客满为患，市革委会想出了动员街道居委会系统的给力办法。

我问妈妈是怎么走过来的？妈妈说从福建到广东，一路上都有大串联接待站。他们一行人每天看地图计算到下一站的路程，能徒步的开步走，体力不支的买票坐长途汽车，先到者负责联络食宿。由于妈妈年纪最大，大家特别照顾她，多半是天天先行打前站。妈妈告诉我，爸爸的问题尚未审结，但也查不出新内容，写过十多份申诉报告，提供了充分的证明材料，却没有一点回音，不过，已经可以回家居住，可以通信了。妈妈要我陪她找个邮电局，给爸爸拍份报平安的电报，电报比信件快，安全；果然，除夕夜之前，房东家收到并转交了爸爸的回电。我和妈妈一起在陌生的广州过了个沉重、欣慰的农历新年，还逛了遐迩闻名的岭南花市。

下半年，山头林立的各派团体不仅动口，而且动手。对于“牛鬼蛇神”们的监管，倒是都顾不上了。我们弟兄仨，被革命运动“遗弃”的逍遥派先后择机回厦门的家看了看。爸爸妈妈两房一厅的家已被造反派瓜分，两房里搬入了新人。好在妈妈随遇而安，用大书柜把客厅一分为二，既有大床又有书桌，还摆得下两张藤椅。我们回家，就和爸爸妈妈挤在一张床上睡。

大弟从杭州来，常陪爸爸一起下地拔草种菜，或挑米泔水养猪。每次出门前，妈妈都为他们准备好衣服、鞋子、草帽、毛巾和水壶。等他们回来，又递上替换的衣服、鞋子，端来两盆洗脸水。

我有次回家，在厦大教工宿舍区闯了个祸。我骑辆自行车沿大南新村路右侧规规矩矩上坡行，突然正对面冲下一辆自行车，把我迎头撞翻，她自己也倒了。两人扶起车论理。对方看来有来头，一位校保卫科的中年干部帮她说话。我坚持靠右走没错，路那么宽，为什么对方偏靠左冲下坡？不料那干部说，厦门大学的交通规则就是车靠左走的！接着转向围观的人群大声说，这人是历史反革命的儿子！回到家，我把委屈悄悄告诉妈妈，妈妈叹了口气，摇摇头。30 年后，90 年代末，妈妈来香港探亲看我，还打趣我说，你是全家最会吵架的，所以国家

我的母亲李荷珍

派你来和英国人谈判了。

二弟从北京回家才两天，邻居通风报信说，某派革命小将近日要再来一次大抄家。这时，妈妈的银行户头刚解冻，有一张 50 年代响应国家号召，倾家所有金银首饰包括结婚戒指向银行兑换来的几百元人民币定期存单。妈妈在怖畏急难之中，令二弟立即提现北上，先到福州分我部分，再到杭州分大弟部分，再到上海分每月只领 30 元生活费的大伯部分，剩下的带回北京自用。记得二弟到福州一中找我时，占领教学楼和宿舍楼的两派也正冷枪互射，高音喇叭反复播送评弹曲调的《蝶恋花》。当二弟来到上海，从鞋底里掏出钱交给大伯母时，大伯母感动地说，谢谢荷珍想得周到，明天可以去买酸奶了。喝瓶酸奶是大伯几十年唯一的嗜好。

粉碎“四人帮”，中国的知识分子获得了第二次真正的解放，我们家双喜临门，最重要的是在中央有关部门和福建省委组织部负责人过问下，爸爸的冤假错案终于彻底纠正，重新做了历史结论；其二是妈妈从在香港病故的二舅身后获得了一笔遗产。遗产通过中国银行平分给了妈妈、大舅和小舅。大舅、小舅两家以此办理投资移民，很快迁居加拿大和美国；妈妈没有出国打算，用这笔钱设立了家庭教育基金，凡我三兄弟乃及孙子辈有条件出国留学的，无论攻读学士、硕士以至博士，学费全包，但在外生活费自理，鼓励勤工俭学。这个基金，很大程度上改变了我们三个小家庭的教育素质和发展路向。

2003 年 6 月，我前妻病逝，87 岁高龄的妈妈奋不顾身，无视“非典”的余威，风风火火赶来北京。一到家，就重现了“文革”中处理存单、“文革”后设立教育基金的风姿，精神抖擞替我把家务掌管起来。国庆长假期，还招来大弟，主动要我“陪”她和大弟去外地走走，散散心。我经常公务出差，妈妈每次都帮我列一张出门物品清单，帮我把衬衫的扣子一个一个扣好，叠好，装入拉杆箱。我至今珍藏着一张妈妈为我亲笔写的清单：“睡衣，衬衫 2，内裤 2，棉毛衫裤 2，袜子 3，外衣，西装，领带，药 3—4 天，充电器……” 15 年来，每当我看见这清单都激动得很，在右下角注了几个字“慈母手中线 2003”。

自强不息晚景美

爸爸妈妈都老了，尤其是爸爸，长达 16 年里神经高度紧张的申诉，把冤屈痛苦只埋在自己心底，更加上自己栽培的后进居然利用“审干”把他打倒，取而代之，还无耻地剽窃了他的重要学术成果，从而平步青云，使得爸爸长叹“人心不古”。妈妈理解爸爸，但比爸爸理智，生活上细心照料，精神上多加慰抚，继续帮他整理应邀外出讲演的资料，抄稿子送稿子，爸爸在台上讲，妈妈在台下听，生怕他思维忽然中断，“掉了链子”。后来看看健康情况实在难以为继，和我商量之下促成了爸爸的退休。妈妈陪他到美国二弟那儿去住了半年，回国后就和他同住在我的北京家中。我到了知天命之年，才与爸爸妈妈朝夕相处，才更加了解了妈妈自强不息、不断追求新鲜事物的两大生命亮点。

妈妈在家，要求我为她订三份报纸——《CHINA DAILY》《参考消息》和《北京晚报》，可是每天报纸送来她总要等我先看，说佐洱今天见人谈事可能有用。后来我解释，我一早上班到办公室都能读到，她才开始早上读报，不但讲给爸爸听，而且把她认为有关注价值的画了圈画了线，留给我回家参阅。

妈妈从美国回来说，那里有一种拼图，一幅漂漂亮亮的图画用几百上千小块儿拼成。我们便四处求访，找到了货源，妈妈很满意。每天除了料理爸爸生活，读报，看看电视新闻，就是戴上老花镜，坐在一张铺开了小块儿的大桌子前拼图画。她用576块拼成的一幅出水芙蓉图，至今挂在我床头的墙上。妈妈生于荷花盛开的六月，故名荷珍，我曾送她好几幅荷花主题的画作，她以此拼图回赠我。妈妈给其他子孙甚至在我家做家务的小赵阿姨都赠送了她的作品，小赵说，给她的那幅图拼了近半年。

妈妈对自己和爸爸生活上的任何事情都坚持自理，坚持一个“尽量不给儿女添麻烦”理念，喜欢静静坐在一旁，做些不需要别人帮着完成的事儿。除非有一小块儿掉到地板上了，她弯腰端着放大镜怎么找也找不着，只好请大家来帮助，因为缺少一小块儿，整幅拼图就残了。不但如此，她还坚持包下每餐饭后的洗碗工作，如果不让她洗碗她会不高兴，说衣来伸手饭来张口的日子过不下去了。渐渐地，我们从出于孝顺抢洗碗，到不得不等她离开厨房后再把她洗过的碗冲洗一遍。

这种尽量不麻烦人的理念，应该是童年时代养成的。住在外公家，虽然“锦衣玉食”，但毕竟寄人篱下，有外公疼爱她，毕竟还有舅舅、舅妈、姨妈和表兄弟们的存在。每次由自己家返赓庆里时，妈妈的妈妈——我外婆总要叮咛，要学会知趣，别讨人嫌。将近二十年童年少年生活中，让妈妈印象深刻而又乐此不疲讲给我们听的温馨故事只有一个：弄堂里传来零食的叫卖声，她馋，不敢开口，久久趴在天井大门上，透过门缝往外瞧。忽然一只大手从背后暖暖地握住了她稚嫩的小手，那是外公的声音，想吃点什么吗？走，我们出去看看。于是，门闩拉下，大门叽叽咯咯打开了……

在临床经验丰富的老年病学专家妻的管护下，妈妈晚年的健康状况总体不错，常用药调得越来越少，剂量越来越小，全家人都相继染上流感，她竟能安然无恙。91 岁时跌倒致胯骨骨折，她充分信任地接受了妻邀集中外专家研究的根治方案，冒着风险实施了高龄股骨头置换手术，三天后就能在病床边站起来。晚报为此登了条新闻，更加激励她克服困难，顽强完成康复训练过程，又能行走如常。

妈妈喜欢接触新鲜的事和物。93 岁开始学会用电脑，每天在网上浏览天下大事，关注热门话题的讨论，建立了自己的邮箱，希望多多益善地收到和回复子孙和厦大老同事们的 E-mail。

2008 年农历大年初一，在杭州灵隐寺烧过头香后，妈妈开始研究禅学，从六百卷《般若经》的核心《心经》入门，几星期都埋头在 260 字的经文里，一字字推敲领会，要我帮她找几种不同解析《心经》的参考书，还和我探讨比如“无无明”的第一个“无”和第二个“无”的区别、“空”和“不空”二义，等等。她自认为粗通了之后，每天在一本蓝条格的信笺簿上工工整整手抄一遍《心经》，蝇头小字写满了一页再写一页，积少成多。每年清明中元二节或祭奠亲人的日子，她就撕下几页，让我们带了一并“烧了去”，寄托她的缅怀哀思。

三年后，妈妈视力弱了，信笺的横格太窄，就改用电脑打字，每天在 Word 文档上打一遍《心经》。我在她的电脑里建了好几个文件夹，存放她日复一日的功课。今天仍可以是子孙们励志的珍品。

妈妈 98 岁时停止在电脑上敲打《心经》了，因为手指在键盘上不听使唤，错别字增多，但她始终欣赏厦门南普陀寺义工们的一句口号——“我愿做千手千眼观世音菩萨的一只眼一只手”，那些义工有不少是厦大的师生，她愿意和他们一道修学，一道为社会尽心，做一点一滴好事。

至此，在电脑前操作的唯一项目就剩下游戏《连连看》了，她仍然玩得很投入，就像10年前玩扑克牌“算命”一样投入：那时出于思念，她每天都要为在不同城市的三个儿子“算算命”，今天过得怎样？顺还是不顺？……现在她常常忘记电脑关机的程序，伸手一按就来个“紧急关机”。我们反复演示，在电脑旁贴了《关机小指引》，都没能纠正过来。纠不过来不是为图方便，而是妈妈实在记不住了。

妈妈没有忘记，晚年一直陪伴身边的贴身管家小李也是一位《连连看》的爱好者。晚上，小李帮她洗完脚，扶她上床就寝。她会说，你去打开电脑玩玩吧，我睡我的，不碍事的，玩完后把灯熄了就行。白天，有时小李站在她背后看她玩，妈妈发觉后会说，来，你帮我接上去，我还有其他书要看。说着，顺手从书桌上拿起一本书。

妈妈的行动，即便站立都感到吃力了。我们决定无论她外出或在家里，行动一律使用轮椅。妈妈起初不习惯，觉得不好意思，轮椅要人推，特殊待遇。所以，她进出门尤其进出电梯时，总要用那苍老的手把住门，让别人先走，生怕梯门自动关闭夹伤了人；然而往往轮椅挡住了道，别人却也都担心着梯门夹了她的手。

每个人都有这一天

2015年6月，妈妈虚龄百岁、周岁99岁的生日将要来临。某夜，她起床拄着拐杖，步履蹒跚地满屋子各个房间走了一遭。小李问奶奶在找什么呀？妈妈说找你的爷爷，他刚才还睡在我身边，怎么不见了呢？

母亲百岁寿辰

我们为妈妈筹备了一个热热闹闹的小型百岁生日会，所有能来的亲戚、后辈都来了。堂兄伉俪送来一个寿字大红包，里面是用 100 元 10 元 5 元 1 元和角票集成的 1000 元新钞票；厦门大学外文学院陈书记和负责俄语专业的副院长也都拨冗赶来，代表学院赠送了一幅厦门工艺金丝漆雕的百寿图。妈妈很高兴，也很淡定，对院领导、亲友们彬彬有礼，连声道谢，乐意和大家合影拍照，吃饭时还举箸为客人们夹菜。

妈妈开始把自己收藏的衣物毫不吝惜地分送给来看望她的亲友，或者她忽然记起的亲友。亲友们送给她的礼物，转手就又给了别人。她对自己有一些支配礼物的能力感到高兴，我们则想方设法投其所好，当好她的“大后方”。

妈妈的听力终于完全退化，配最好的助听器、调到最大音量也无济于事。妈妈的牙龈全部萎缩，与其让上下两排假牙套在口腔里滑动，不如取出来，取出后嘴巴明显瘪了，口齿比较含糊了。小李为妈妈准备专门的早午晚餐饮，通常是肉末熬汤，用汤下米煮粥或煮剪短了的厦门线面，快熟时再加入菜末、调料；餐后的水果主要是香蕉、猕猴桃、苹果泥，以利通便。小李一餐餐一口口地喂，妈妈津津有味地品咽着，吃到好时弯弯大拇指，“点头”表示谢意。

妈妈对于人生走向最后一程——死亡很坦然，说每个人都有这一天的。她年轻时爱美，重视自己的仪表，出门前得化化妆。晚年问她需要什么化妆品，她点名要两件，一是去老年斑的进口面霜，二是花白的合适发套。可是百岁过后，她不再提这两件，连发套也摘下了，原本稀疏的头发反而越长越密，而且一半以上呈黑色，比戴发套更加好看。

妈妈和我之间的对话，她用嘴说，我用表情和肢体说。可是妈妈的话越来越少，越来越短了。有时坐在卧室的沙发上，几个小时一语不发，侧首凝视窗外远方，像是在回顾百年间的沧桑，在遐想未来。妻凭直感提醒我，妈妈的时间不多了，多陪陪她，与她说说话，录下音来。

妈妈离世前约三个月，我 74 周岁生日那天。一大早，我走进她的房间，先扶正她歪坐的姿势，下跪三磕头，感谢母恩，儿子生日就是母亲受难的纪念日。这是我一生中唯一一次给妈妈磕头。妈妈睁大眼，双手合十，然后双手与我紧握，很有力量，要拉我起身。她端详着我说，儿子啊，真好真好，很好很好。忽然又指着我穿的羽绒背心笑说，漂亮。但是你的衣领，后面，后面……这时我才发现没穿利索，衣领的一边卷在了背心里。

春寒料峭的一天，妈妈呛咳了，导致吸入性肺炎并发症，急诊住院。我们放弃了费时又费力的各种入院例行检查，直接对症治疗。妈妈甚为平静，连呼吸机都不想用；但为了帮助吸氧，还是为她戴上了面罩。病情反复，回天无术，两天后妈妈取下面罩，尊严、安详地离开了这个世界。

每个人都有这一天的。

有位哲人闻讯，如是说："寿终正寝，欢喜相送，老人，莲界有位，将乘愿再来。"

美丽的梦想实现了
——在陈伯吹国际儿童文学奖颁奖仪式上的讲话[①]

非常高兴出席2014陈伯吹国际儿童文学奖颁奖仪式。在党的十八大后国运昌隆向上的大背景下，在陈伯吹儿童文学基金专业委员会、上海市新闻出版局、宝山区政府以及各位评委，广大作家、教师、读者和国际友人的热情支持和努力下，经历了25届的陈伯吹儿童文学奖成功转型升级，成为一个中外瞩目的国际文学奖项。首先，我要代表陈伯吹家族、堂哥陈佳洱表示衷心的感谢，感谢为此作出了历史性贡献的各位，感谢家乡的父老乡亲！

作为陈伯吹家族一分子，他的侄儿，我站在这里感到很荣幸，很激动。我的大伯父，可以说是我前半生的楷模与导师。童年时，我和佳洱同住在南昌路我家的同一房间里，每天他顺路先把我送到常熟区中心小学，然后自己去位育中学上学。星期六，大伯父总会来家里吃晚饭，还带来一本散发着油墨香的新出版的《小朋友》周刊，然后把佳洱领回他曹家渡的家，星期天晚上让佳洱自己回来，因为南昌路家离位育中学近得多。

有一次大伯父来家，那时抗美援朝战争刚爆发，我跟他说写了一

---

① 2014年11月19日写于上海宝山。

首“诗”。他故作惊讶地把嘴张成O形，笑眯眯地说：“哦？给我看看。”我写的是这样一个顺口溜：“美国兵，胆子小，身穿军大衣，脚蹬高统靴，看看样子很神气，见了咱们的志愿军，举起手来把枪缴。”大伯父表扬说：“挺好，挺好。”当时他除了主编《小朋友》，还主编《大公报》的副刊《现代儿童》，这首“诗”就在《现代儿童》上发表了。“小朋友的诗”发表的稿酬是一枚蓝色的三角形徽章，凭这可以到任何一家三联书店购书打七折。这枚小徽章对于引导我读书和习作是很大的激励。

我父亲经常说，大伯父是家族的领头人，顶梁柱。他不仅带领我父亲怀揣一颗童心，同握粉笔、钢笔两支笔，走上了教师兼儿童文学作家的道路，二十多年后也带领我走上这条路。父辈兄弟俩在这条路上一直走到自己人生的终点，而我却因机缘“半途而废”，当然，大伯父和父亲都是支持我为收回香港、雪洗国耻去从政的。

在我的学生时代，经常写一些习作寄给大伯父。他总是很耐心地指导我，但想通过他投稿发表则99%免谈，根本到不了报刊编辑部就被他“退稿”了。大伯父多次叮嘱我：“你现在还在中学学习，缺乏丰富的社会生活经验，课余可以多练练笔，但不要做空头文学家。”我一

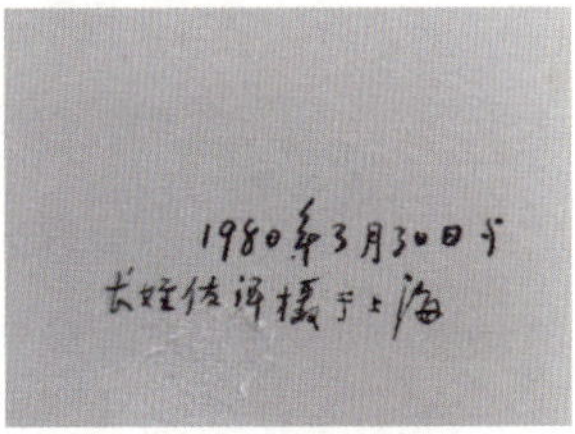

我与大伯父（照片背面为他的亲笔题字）

直记住他的话。等到我走上社会成为一名教师，开始业余写作时，他的鼓励和叮嘱就不一样了。我曾经翻译过一本长篇童话，他特意找了很多有关这本童话来龙去脉的外国资料，为我的译作写序。

1983年我经两位著名中年作家介绍，加入了中国作协，他得知后很是欣慰，一往情深地对我评价俄罗斯大作家列夫·托尔斯泰："托翁说写作是艰苦的劳动，他年过70岁了还写出了思想和艺术探索的结晶——长篇小说《复活》，越老越勤奋啊。"我明白，大伯父的这些话也是对我说的，是对我的鞭策。那年大伯父77岁，却也是越老越勤奋，童心复萌，进入了又一个创作旺盛期，天天伏案写作，他要把遭受"童心论"大批判、被"四人帮"剥夺的时间夺回来。

他一生与时俱进地笔耕了七十余年，所以刚才有朋友说，陈伯吹的儿童文学作品影响了中国几代人的成长。是的，我也听香港的武侠小说大师金庸说，他是读《小朋友》长大的。

大伯父有一篇很有名的童话，题名《一只想飞的猫》。我们家人都很喜欢猫，我喜欢猫，佳洱喜欢猫，大伯父也喜欢猫，由于他对猫的习性、举止动作观察得细致入微，所以能在童话里描写出一系列惟妙惟肖、生动有趣的拟人化情节。作家笔下的猫都富有梦想——虽然有些"少年不知愁滋味"的好高骛远，不自量力；而作家本人则怀着一个丰富美丽的梦想——却是脚踏实地、锲而不舍的。大伯父曾告诉我一个他事业有成后的梦想：在16岁第一次走上社会当小学教师的地方，建一个儿童图书馆。那是在上海市宝山区的杨行乡，他既是乡立朱家宅小学的教员，又兼校长，正是从那时候起开始儿童文学创作；一年后他因教绩出色受县教育局通令嘉奖，调到宝山县县立小学，也就是现在的宝山区实验小学任教导主任了。

他的建儿童图书馆的梦想，终于在晚年逐步实现。他把家里收藏的几千册图书先是部分捐给了居住地上海市卢湾区少儿图书馆，后来部分捐给了浦东新区少年宫，再后来全部捐给了宝山区文化馆。昨天我通过百度查看资料，才知道现在上海市除了陈伯吹国际儿童文学奖，还有了陈伯吹实验幼儿园、陈伯吹实验小学、陈伯吹中学，心头一热，故乡把他的梦想发扬光大了。大伯父九泉之下若有知，一定很开心。

他的一个更大的梦想，就是今天我们在座各位共享的儿童文学奖基金。“文化大革命”结束以后，被非法冻结的所有稿费发还给他。他从中取出一万五千元，分给了佳洱和我，还有我的两个弟弟和两个堂妹。其余就是这五万五千元——当时可以在淮海路买一栋小洋房，创办了中国第一个以作家名字命名的文学奖基金会。

大伯父一生节俭。他带我乘有轨电车，电车有前后两节车厢，后面一节行车时晃荡的二等车厢票价便宜一点，他总拉着我坐到后面，说“总归一样到的”。我从福建到上海出差，住在他家里，妈妈提醒我，大伯父早饭时那瓶肉松如果拿出来，你不要轻易动它。果然，大伯父早饭就吃点餐桌上的咸菜，那瓶肉松是“看看的”，从未旋开过瓶盖。他给我们写信的信封，历来都是用人家寄给他的旧信封，在上面

2015年于上海宝山区陈伯吹中学

贴一块写上新地址和姓名的纸片，然后投邮寄发（挂号信除外），我现在还收藏有他的这样的信封。

他确实把全部稿费都捐献出来了，现在看来数目微不足道，但毕竟得到政府和海内外社会各界的大力支持和襄助，使得基金会能够发展成为与中华人民共和国国格相匹配的国际文学奖项。大伯父的梦想融进了无比美丽的中国梦里。

时代的车轮滚滚向前，一刻也不会停止，尤其近三十年来中国经济社会发展进入了“世界当惊殊”的快车道。上世纪和本世纪的小朋友也已今非昔比，是更加聪明、健康、前卫的一代人，他们的成长自然需要更加新鲜、丰富的精神食粮，因而在今天我国乃至国际儿童文学园地里更是枝繁叶茂，百花争艳，甚至涌现出许多陈伯吹生前闻所未闻、见所未见的非纸质的多媒体读物，手机、平板电脑等五花八门的电子读物几乎与孩子们如影相随，所有这些都对儿童文学作家和教师、家长们提出了更新更高的要求，也必然对陈伯吹国际儿童文学奖项提出更新更高的要求。

我深深地祈祷和期待，当今中国的儿童文学不会辜负当今千千万万小朋友的期望！

拳拳赤子心

——在陈慧瑛新书发布会上致辞[①]

今天，在春意盎然的钓鱼台国宾馆迎来了一朵文学沃土上绽放的鲜花，迎来了因这芬芳馥郁花朵而高朋满座的各位嘉宾。这朵花，就是著名归侨女作家陈慧瑛的新作《有一种爱叫永远》。我听到了来自中国作协书记处、国务院和全国政协港澳台侨工作部门领导以及来自慧瑛家乡、母校，亲朋好友们的热情评说和衷心祝贺。

的确，我从《有一种爱叫永远》的每一页里，看到一颗透亮、火热的赤子之心。拳拳赤子心，是中华民族爱国爱乡侨胞的光荣传统。慧瑛的前辈是鸦片战争中的抗英名将陈化成的后人，漂洋过海，闯荡南洋，一生一世克俭克勤，在赤道边上打造出一方辉煌的事业。然而，前辈们追随乡亲陈嘉庚先生舍得割爱，把在新加坡出生并初长成人的掌上明珠小孙女送回祖国来培养深造，为刚刚成立的新中国添砖加瓦。

因此，陈慧瑛半个多世纪就在祖辈们曾经生息的故乡经风历雨地成长，成就。她曾是厦门市人大常委会连任三届的常委，主管港澳台侨宗教旅游诸项政务，在习近平同志亲自领导制定的《1985—2000年厦门经济社会发展战略》指引下，拨乱反正，开发开放，为故乡作出

① 2016年3月30日写于北京。

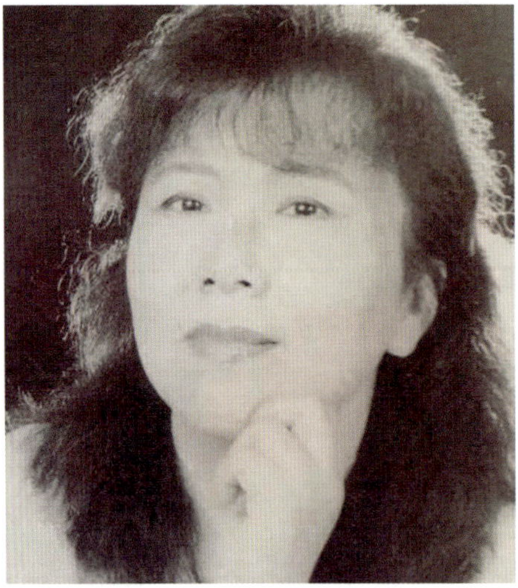

了有目共睹的贡献。与多数官员略不相同的是除了政务、公益，她还始终握住文学的生花妙笔，用六百多万字字见心的诗文再造了另一个辉煌。慧瑛的命运是与祖国的命运休戚与共的，无论顺境逆境，无论喜怒哀乐，她都矢志不渝，从少年到白头，全身心地热爱着祖国，热爱着美丽的厦门，这是千百万海内外侨胞、千百万与人民共和国一同长大的一代人比金子更可宝贵的家国情怀！

要感谢她的母校厦门大学以及她工作过的厦门日报社。这所名扬天下、与海内外港澳台侨同胞有着特殊亲切感情的高等学府在 95 周年校庆前夕，携手厦门报业集团一起圆了慧瑛一个心存数十年要回报故乡和母校的夙愿，今天她献上这本厚重的新作《有一种爱叫永远》。

如果你想了解厦门、了解厦门大学的风采和厚重，请读一读这本书；如果你已经喜欢上了厦门和厦大，你一定会把她的美文视为长长久久的知己，因为有一种爱叫永远！

猫亲咪咪[①]

咪咪初来

1989年初夏的某天傍晚，小女儿从人大附中放学回来，书包鼓鼓的。她进门诡秘地一笑，说："我给你们带了个小朋友回家。"

书包扣解开，他就探出脑袋晃了晃。简直是只可以托在手上的"掌上猫"，全身的绒毛雪白，稀稀疏疏，盖不住毛下面嫩红色的皮肤，应该出世才几天。

小女儿讲述，这是在甘家口路边买的，三元钱。带他回来是因为他太无助，弱小，而且右眼老流泪，发炎。

家里立即引发一场讨论。那时养猫可不像现在那么方便，超市里既没猫粮也没猫砂，何况我们刚从遥远的南方举家迁居北京。主理家政的妻子一面叨咕"把他送回去"，一面爱怜地找出支红霉素眼药膏为他治眼睛；我和小女儿踊跃保证，承包找猫砂运猫砂的活儿；正好那天三弟来做客，他打了个圆场说"这猫养好了，将来准是只好猫"，一

---

① 2013年9月写于北京，原载于《上海文学》2014年第1期，获第十一届《上海文学》散文奖。

语决定了命运。

我们争先恐后地从厨房端来一小碟牛奶，围着看他一口口舔得精光；然后，看他抬起头来环视大家，发出了雏凤新啼的第一声：“喵呜——”在一片欢笑中，他肚皮贴着地板，钻进了书架底下的狭小空间。

小小猫的叫声轻柔，尖细。我曾以为这只是他幼年时的发声，没想到整整 21 年直至老逝他都还是发那样的声音。这声音可与他的一生经历、他的性格不太相符。

我给他起了个很普通的名字：“咪咪。”

咪咪断奶后的饮食，就是自来水和剩饭剩菜，每星期有一两次加餐煮小鱼。曾听说五棵松外有专门的猫粮卖，我们骑车一个多小时，终于找到那家卖农药化肥、顺带出售自制猫粮的采购店。当时家喻户晓的“伟嘉”牌猫狗粮还没在北京市场问世呢。

自行车是支持咪咪生活的重要物流工具，除了运送吃的，还运输拉的。每星期，总有一天夜幕降临后，我和家人要外出为他找猫砂，好在附近正大兴土木，建筑工地不少，我们带着小铲子和麻袋，从工地的沙堆上刨下点表面的干沙。半麻袋干沙够用一周，多了也扛不动。工地上的人都很友善，听说了用途，表示理解。

咪咪“三好”

咪咪的生活习惯好。饭碗搁在厨房里，盛沙的便盆搁在卫生间门外，几乎不用怎么教他自然而然地适应了。爱干净的他，天天用前掌蘸口水洗几遍脸，还常埋头用舌梳理全身细细密密、毫无杂色的白毛，越舔毛色越亮。

他很享受十天半月一次温水澡，那也是我们全家二十余年里既忙又乐的时光。他身上涂满洗浴液，湿淋淋地站在大面盆里，水齐脚踝，由于毛贴身，好像一下子瘦了许多，我们在他头顶上举着花洒，直到上下左右冲淋得干干净净了，他还不愿意离开。可是被大毛巾一裹，抱到桌子上享受电吹风时，他又高兴了，不时甩头，水花溅到周围人的脸上。

咪咪好聪明，来家不到半年，就能听从各种简明的指令，比如“过来”“下去”“走开”“不许”，等等。不到一年，就能按指令表演四五种近乎马戏的动作，比如家人无论在哪儿喊：“咪咪你在哪里呀？”他就会连声答应着噔噔噔小跑过来。家人说“握手”——他会蹲坐着，大方地伸出一只前掌；“还有一只手”——他会收回那只前掌，再伸出另一只。我更喜欢坐在地板上，把他叫到跟前，再指令他“趴下”——他会前腿伸直，后腿蜷曲，趴伏下来，“给我当会儿枕头猫”——他会一动不动地让我的脑袋枕在他的后背上，我可以闭目养神，可以看书读报，同时听着他发出“呼噜呼噜”的猫喘，持续十来分钟。即使时间过长，他受不了了，也只是稍耸耸肩，轻轻叫一声，提醒我该起身了。

就像淘气的孩子，咪咪一直渴望知道门外的世界，自以为是，跃跃欲试。尽管每次开门时都警告他不许外出，可有一次，蓄谋已久的他终于抓住机会，“喵呜——”一声离弦箭般地冲了出去，三步并作两步蹦跳下楼。我们住的是高层塔楼式公寓，我立刻让妻子守在十五层的楼梯口，自己乘电梯直下底层，然后边呼唤着“咪咪”的名字，边沿着扶梯拾级向上寻找。一路找到七层，终于听到他急切的呼应声，有懊悔，有求助。借着昏暗的灯光，我看见咪咪蹲在楼道里，守望着那套与十五层自己家同样位置的单元门，叫唤开门，见我走近也不移步，生怕错过了“家门”打开。

咪咪好教育，只需一根手指摁他头呵斥几句，他就牢记在心了。经过这番教训，咪咪再也不敢擅自出门了。即使开门诱导他出去，他反而两眼警惕地直盯门外，缩起身子倒退数步。

并不美满的婚恋

咪咪长大了，长得身材魁梧，虎头虎脑，右边的眼睛灰蓝色，左边的眼睛橙黄色，无论瞳孔张大或眯成缝，任何时候都炯炯有神，那一身雪白发亮的皮毛不仅人见人爱，更是让他的同类钦羡不已。他究竟是什么种族的猫？女儿查阅资料，引经据典说，咪咪属于短毛波斯猫，传说祖先在中东是守护神殿的。而我认为该叫他“北京猫”，因为他生于斯长于斯，而且上一辈肯定也在斯地北京。

我们公寓的楼下住着一对导演、演员夫妇，有一天我下班回家，那导演拦住我说：“知道你全家都爱猫，那只大白猫是公猫吧？我家也有只波斯种的母猫，很乖巧，但是我俩经常出差拍戏，实在照顾不过来。送给你们，攀个亲戚，怎么样？”

果然是只娇小依人的纯白猫，一双大眼睛都是灰蓝色的，但叫声却异常粗重，由表及里，正好与咪咪是阴阳两极——我从导演手里接过她时端详了一番。

带回家，第一时间是很受欢迎的，因她的叫声与当时正在热播的一个电视剧主角名字“那五”谐音，就取名“那五”。可是两三天后，欢迎她的只剩下咪咪了，她只认得饭碗，不认得便盆，随地大小便的毛病怎么也不改，不但大大增加了家务工作量，而且给本不宽敞的两居室带来了不小的环境污染。更有甚者，由于她和咪咪一见钟情，半夜粗重的叫春声不仅搅得我们全家人都睡不好，还搅醒了邻居们的好梦。后来，他俩居然在光天化日、众目睽睽之下，也继续着恋爱游戏。咪咪对她的追求几乎疯狂，那五欲拒还迎的矫情用“装腔作势”形容也不过分，她“逃”进卧室跳上了床，然后回头唤他；等他追上床，她又“逃”向餐厅上了餐桌；他追上餐桌，她又上了冰箱，两只白猫终于在地理位置的最高点上成就了“好事”……

书上说，猫怀胎65天就能生崽。那五来家两个月光景就挺着大肚子了。咪咪对她是呵护有加，饭盆里的猫食总是等那五吃到咂嘴舔唇，咪咪才凑近吃剩的；那五犯了错，谁要是去抓她，他会冲上前护着妻子，发出从未有过的连声“喵，喵，喵呜”，既像央求，又像是抗议。

用妇产科的术语，那五“快便顺产”，诞下一只全白毛、红嫩嫩的小公猫，比咪咪来我们家时还要小，只有一根手指那么长，微张眼，吸吮着那五胀红的乳房。小夫妻俩守护神似的守着宝贝独生子，连我们也都只能远远观望。一旦门外走廊有人走动，咪咪立即叼起儿子，那五殿后跟着，“举家迁徙”躲得远远的。

才几天，可爱的小宝宝夭折了。女儿判定，是被他没有养育经验的父母亲压在身底下憋死的。可是咪咪不认为儿子已死，还是不让我们靠近，继续把宝宝叼来叼去，那五照样跟在后面，并且照样随地大小便。

那五屡教不改的卫生习惯和半夜肆无忌惮的叫喊，使我们下决心让她离开。楼下导演夫妇家老是“铁将军把门”，就在机缘巧合下把她转送给了甘家口某设计院的一位爱猫人士。从此再也没有她的音信下落。

咪咪在一阵狂热的早恋之后，不得不经历丧子和夫妻分离之痛。不仅如此，我们还把他送到动物医院去做了绝育手术。不知这些人为的举措是否不人道？咪咪从医院回家，麻药效应还未过，躺在地上几次三番站不起来，可是终于跌跌撞撞，蹒跚走向便盆解手的情景印入了我的脑海。每当我自己或听见别人调侃他“太监猫”的时候，我的心骤然一抽，会重复地思考上述问题。

人猫相依

好在咪咪没有记恨，顺应了命运的安排，不久身心便得到康复。我们更加关爱他，甚至宠他。比较高档的超市开始出售有商标品牌的猫粮猫砂了，我们总是挑贵的买，你去趟超市买点，我去也买点，往往供过于求，需要储存起来了。

咪咪一天两餐，上午猫粮，下午改成了不掺剩饭剩菜的小猫鱼。天冷了，晚上水泥地板凉，他试探着想跳到我们床上来睡，我们在脚跟头的被子上铺一大毛巾，咪咪立刻认同这是他的“床”。每晚“床”铺在谁的被子上，熄灯后他就跳谁那儿睡，不越雷池一步。我们每个人都喜欢咪咪隔着被子和自己睡，有他那团温温暖暖的十来斤重压脚，睡得更香。

咪咪对我们也更加亲热。每当家里人从外面回来，屋里还毫无动静，他却先知先觉，奔向门口迎接，先听到他柔和、尖细的叫声，后听到钥匙开门声。人一进屋，咪咪就会用脸蹭你的裤腿，围着你转，边转边说个没完。

一次，我一人在家，急性胃肠炎发作，肚子绞痛。咪咪十分同情我，寸步不离地陪我一趟趟上厕所，跟我去五斗柜找药。我躺在床上，他一反常态，哪儿也不去，静静地伏守在床边，偶尔还昂头低声问候。

我们之间已经能进行二十多种基本会话，不仅是发出及执行指令，而且能够交流情感，以至于所愿所望，所思所想，有商有量。比如，咪咪在书架上打瞌睡，我担心他碰倒了摆在身旁的花瓶，就喊：“咪咪，下去！”

他睁眼看了看我，嘴里咕噜了声，又埋头睡下，还用一只手遮住半边脸，耷拉下耳朵。这是他提请求，意思是：“让我在这睡会儿吧。”

我提高调门说：“不许，下去！咪咪听见没有？”

他一惊，弓起背，伸了个懒腰，不情不愿地扑地跳落下来，嘴里嘀咕着——那是发牢骚。

咪咪待人接物确实亲疏有别。我常说他除了“三好”，还是只有思想、有感情、有个性的“三有猫”。咪咪进家时，大女儿正在国外学习，但函电交驰中听说了种种故事，于是回国度假时给他带来好些礼品。咪咪对于这些美国宠物店的新款玩意儿照单全收，每样都玩得很投入，可是对大女儿本人却虎视眈眈，尤其见到我们对这位“客人”如此亲密无间，竟发出酸酸的怨言，甚至凑上来争宠。善良的大女儿蹲在他面前，很友好地说话，想摸摸他的头，竟被他猛地伸出利爪，抓得手背上鲜血直流。大女儿委屈得掉下眼泪。我们对咪咪几番严肃教育，但他的妒火直至大女儿启程离家仍没熄灭。

有人遛狗，我们遛猫，不时带咪咪出外走走。起初，他一离家就紧张兮兮，甚至伸爪抠住抱他人的衣服。经过劝慰后，他才放下心，好奇地东张西望。那时，我们家已经从甘家口百万庄搬到翠微小区，星期天抱他坐在楼下的草坪上，四肢贴地伏在我身旁，任周围邻里的孩

相伴22年的咪咪

子们嬉闹奔跑，咪咪视若无睹，定若泰山。可是有一回就不同了，有人牵着只哈巴狗来到了草坪上，那狗个头比起咪咪来至少翻倍，它一见我们就无厘头地吠叫，似要挣脱链绳冲将过来。我忽地从草地上立起，正要再弯腰抱咪咪，没想到咪咪已蹿前两步挡在了我的脚跟前，弓起背，平平挺直尾巴，也龇牙咧嘴地向那狗高声叫喊起来，虽然那声音还是尖尖细细的，但音调刚直，微微颤动，像一把风中的利剑——这是我在咪咪生平中唯一听到如此雄赳赳的声音。就这样，他的蓄势出击把那只狗儿镇住了。

伴我走香江

1994 年的春天，我迎来从事港澳工作六年后的新挑战，奉命赴香港出任专责政权交接谈判的中英联合联络小组中方代表。妻子随任，咪咪的去留怎么办？我决定咪咪也同行。好在在北京办理出境手续并不复杂，我们带他去市动植物检验检疫局做了体检，打了防疫针，领取了完整一套证明文件。

3 月 11 日中午，经过三小时飞行，抵达香港。咪咪从货舱里出来就得送去隔离观察——“坐移民监”。据说港英的法律规定，凡来自英国等英联邦国家的动物如证明文件齐备，可以及时放行入境；如来自美国等发达国家，需关一星期“移民监”；而来自中国内地的，尽管健康、防疫等证明文件齐备，也得按照对待第三世界国家的规定，关四个月“移民监”，食宿费用由主人自理。

刚踏上香港土地就面临一个遵守当地法律的问题，我仅同前来接机的中代处同事打了个招呼，就直奔启德机场外，找到即将运走的笼子里的咪咪，望着他哀怨、惊恐的两只蓝黄眼睛，说了不少安慰话，就此告别。

为了雪洗国耻，实现香港的平稳过渡和顺利交接，中英谈判桌上忽而刀光剑影，忽而觥筹交错。6 月 30 日，我和防务与治安专家小组的同事们努力与英方达成了到任后的第一个协议，确定了未来中国驻军陆海空布防用地的安排。下午回到宿舍，未歇口气，我就匆匆赶去港英政府渔农处的域多利道狗房，看望北京大白猫咪咪。

过去三个多月里，我们每次的“探监”，都令咪咪兴奋不已。但是就在前两天谈判颇为紧张的时候，狗房管理处打来电话，说咪咪病了，精神萎靡，脑袋上的细毛突然掉光了半边，可能得的是某种皮肤病。

巴士沿着起起落落的海岸线从卑路乍街曲折西行，终于停靠在一座红色的消防大楼附近——香港巴士到站是没有售票员报站的，全凭乘客自己认得目的地。我下车走向一段林木茂盛的斜坡，转两个弯到达狗猫同监的域多利道政府狗房。

咪咪的“牢房”在百米以外的尽里头一排，进入大门时相互根本见不着面，可是我分明听见了它的叫声，它一定已经听到了我渐走渐近的脚步，那叫声由声嘶力竭渐渐变得软声细气、柔情万种，让我的心里充满了温情，我也忍不住不停呼唤他。

这场人猫相会的情景可以用两个词形容：久别重逢，嘘寒问暖。之后，我来到管理处办公室了解咪咪的病情，并且向照顾他的公务员们致以谢意。电视台的晚间新闻正在播报中英联合联络小组签署关于未来军事用地使用安排协议的场景，接待的公务员特别客气，他们介绍说咪咪大约半个月前开始出现症状，狗房接连找了三位兽医为他诊治，抹了好几种抗真菌的皮肤病药，都不管用；接连几天，狗房都到附近海边去买新鲜小鱼喂它，也不合口味。后来一位英国兽医翻阅了大量资料后诊断，咪咪可能是精神受到重大刺激所致，就像人类的“鬼剃头”现象，一夜间掉光了头发。好在“移民监”期限快到，希望这之前我们可以多来看看他，安抚他的情绪。

为此，我又折回“牢房”，与咪咪隔着铁栅栏好一顿“谈心”，起先他困兽犹斗似的不停在笼子里转圈，希望我能接他出去；然后放慢了脚步，再然后蹲坐在我面前，无奈地听我说话，偶然答应几句，再然后觉得我说来说去了无新意，一歪脑袋自个儿梳理起胸前的皮毛。……

果然，咪咪“坐监”期满，回到中国外交部工作人员宿舍不久，就身心怡然如初，秃了半边的脑袋上又长出细密、洁白的绒毛来。

第二年冬季，是我出任中方代表以来最艰难的时光。由于英方违反《中英联合声明》，连续五年以超过 GDP 五倍的速度大幅提高社会福利，扬言还要干五年，我在预算案编制专家小组会议上公开指责港英当局改变了与基本法相衔接的量入为出的理财原则，临撤退前大撒金钱，收买人心，我警告照此下去未来的中国香港特区将难以为继，可能“车毁人亡”。始作俑者末代港督彭定康恼羞成怒，当晚就率领一众港英高官对我围攻，接着又策动各种媒体对我的讲话断章取义，大肆抨击，一星期内出现了上千篇大大小小文章高压下来。我的妻子也承受到有生以来最大的压力，甚至不愿上街，害怕背后有人指指点点。

我从北京出差回家，与她促膝谈心，咪咪就坐在我俩之间。我摸着咪咪圆滚滚的脑袋，说：“历史是公正的，会善待我们。在政治斗争中，智慧和正气一定要比感情更高。”我轻哼电影插曲《驼铃》，不无苍凉的曲调和旋律，从心田贴己流过。刚才还兴高采烈迎我进门的咪咪此刻一脸缄默，仰头瞪着一蓝一黄的大眼睛，不时扑扇一对不大不小的耳朵。

光阴如梭，到了 1997 年 6 月下旬。全世界都在倾听香港回归祖国的脚步声。有关实现香港平稳过渡的十四项重要谈判业已完成，突然闲了下来反而不习惯，我倚坐在宽大的窗台上，翻看当天报纸，忽然想起了咪咪，随口喊道：“咪咪，你在哪里呀？”

“喵呜——”一声，他从厨房噔噔噔小跑过来，跳上窗台。

“趴下，给我当会儿枕头猫。”我枕在他的背脊上，边继续读报边对他说，“好了，我们快要回家了。”

咪咪短促地回应了声“喵呜”，等我从他背上起来，立刻就地打个滚，蜷曲身咬咬自己的尾巴，这都是他开心的表示。

桑榆日近情义长

1998 年 3 月，我们带着咪咪回到了北京。咪咪好像老成持重了许多，在新的家里翘尾巡视，每一个角落他都到过，每一件拉回的行李他都嗅闻个遍。按照猫的年龄，活了九岁就相当于人过了孔夫子自我报告的天命之年，过去他对陌生的人一般不理不睬；现在只要叫他声“咪咪”，他就会礼貌地回应一声“喵呜”。要是他正专注其他事或打瞌睡，也会望你一眼，张张嘴巴，像是打个招呼，并不发出声。

咪咪是不是老态龙钟了呢？未必，他还挺注意锻炼身体，不定哪天早晨吃过猫粮，他会突然憋足劲儿，在家里楼上楼下窜跑几圈，跑的时候目不斜视，什么诱因也没有，跑完之后若无其事，好像什么事情也没发生过。每周大约跑那么两次，高兴时接连两三天都“晨练”。

可是咪咪忽然练不动了，不吃，不说话，只喝水，喝完就钻到床底下躺着。我们呼喊：“咪咪你在哪里呀？”他初始还答应，后来连答应的力气都没有了。我用扫帚柄把他从床下拨出来，一看全身皮毛蜡黄，明显削瘦许多。

妻子诊断咪咪肯定吃了有毒的东西，导致急性肝损伤，皮肤、黏膜和眼球巩膜等部分才出现黄疸的症状。宠物医院的诊断是一样的，立刻给他挂瓶，开保肝药。究其原因，肇事者应该是我，我下班回家路上，见昆玉河边有人在捞小鱼，挺新鲜，就买了些，没想到那是些被毒死的鱼。

刚动完肿瘤手术的妻子每天把咪咪抱在怀里，一小勺一小勺地喂牛奶，除了牛奶，他什么也不吃。靠着这幼年时的唯一营养，挺过了三星期，咪咪终于拖着虚弱的身体从床底下走出来。

经过这场大病，咪咪的性格更加“耳顺”。他的生活中多了个伴儿——小女儿把她在美国养的一对“猫儿狗女”中的猫儿 Kissy，“Cargo hold”货运来北京。Kissy 完全是只美国宠物，也是“太监猫”，智商远不如咪咪，那扁脸大眼长毛的长相和扭捏作态的举止，都与咪咪迥然不同。我们唤“Kissy 过来”，他摇摇摆摆走到你跟前又扭头离开，走两步停下来，用粗大的尾巴扫你的腿，等着你挠他黑白相间的长毛脑袋；连吃饭也是那做派，先要对饭盆看几眼，扭头转一小圈，才回过身来大快朵颐。

咪咪对 Kissy 的加入并不排斥，同吃一盆粮，同用一马桶，相安无事，但不知是性格还是年龄代沟所致，相互间不甚亲热，白天各行其是，晚上各睡一张四方形的旧沙发垫子，虽然摆在一起，颜色一样，决不会睡错。

两只猫有一惊人之举，至今让我叹为观止。我妻子逝世之前，在医院病床上艰难说出的最后一句话是：“Kissy，咪咪……”

这句临终牵挂，在家的猫们好像心有灵犀听到了。当晚，亲友们来家布置了个简单的灵堂。等客人们一走，咪咪随即领着 Kissy 来到铺盖白布的灵台前蹲坐守灵。夜深人静，我睡不着，发现他俩依然那样蹲坐着，我想起了关于咪咪祖先是中东神殿守护者的传说；天熹微放亮时，我再去窥探，他俩还在原地肃穆守护着……

也有老马嘶风时

有位老年综合病的专家说，延年益寿之道在于心宽，放得下。

咪咪过了猫的平均寿龄 15 岁，对谁都和颜善目，他与早年心存妒忌的我的大女儿成了好朋友，甚至女儿一家偶尔来京、热情过度的小外孙握住了他神圣不可侵犯的尾巴，他也只一抽尾，不愠不怒地躲到一边去。对于我们唤他，指令他表演，他虽也服从，但显露勉强，动作有些懒散，有时候索性用一个无声的呵欠抱歉，不表演走开了。

咪咪一双漂亮的眼睛渐渐黯淡失色，但脑子清醒，仍然重情重义。寂寞时我把这体重减轻了的“老朋友”抱上膝头，和他说说话，在他身上打拍子，唱了一首又一首童年的歌。他都眯缝眼惬意地听着，听着，比平时寡言的我更加寡言，可我觉得他真善解人意。

宠物的衣食住行在全球化中越趋讲究，但咪咪曾经沧海难为水，不稀罕。他的唯一嗜好就是十多年如一日的下午那顿鱼，偶尔过了 3 点不端出来，便满屋子地出声催喊，更像是在争取生活对自己的一份关爱。这时，我们家的亲戚、管家小李就得停下手中的其他活儿，去冰箱里取猫鱼，还得故意皱眉应答他：“咪咪，头都给你吵得昏了——会给你煮鱼吃的！”只要这一声，咪咪就消停下来。

小李管着两只猫的吃喝拉撒睡，咪咪表现得对她尤其依恋，每天晚上，总要小李亲自送他去睡觉。他先是待在小李房里，陪她读报或玩电脑，实在困了，就两手往小李床沿上一搭，伸长脖子轻柔细声地“喵呜”一声，意思是——“很困了，送我去睡吧。”

他的红沙发垫子其实就在隔壁洗手间里，但非得小李起身说“好吧，你在前面走”，他才迈着猫步踱向洗手间，小李跟上去关门，他才“上床”就寝。而那时的 Kissy 早已在另一张“床”上呼呼大睡了。

白天的时候，小李常把咪咪的红沙发垫子搬到阳光最足的客厅落地窗前，让咪咪去那儿看风景或休息。整面落地窗都是朝南临街的，我从马路对过的公交车站下车，踏上跨街人行高架桥，就能远远望见公寓六楼，贴着立地玻璃窗有幅色彩亮丽的图画——浑身雪白的咪咪蜷伏在红色的垫子上——他是在俯瞰满街生动的车水马龙，或闭目养神呢。

暮年的咪咪虽然体弱心静，但是一生维护尊严的刚健个性未因衰老而折，我亲眼目睹了咪咪和 Kissy 的一场纠纷。冬日的阳光透过客厅窗玻璃，暖融融地照在咪咪和他躺着的红垫子上。东摇西逛的 Kissy 走来了，用手拨弄咪咪的胡子，咪咪正入梦乡，也不睁眼，只扫了下尾巴。没想到 Kissy 又伸出手捣乱，这下真把咪咪急醒了，朝同伴“唬——”吼了声，同伴也回吼，意思是“让开，让我来躺一会儿”！咪咪不干，霍地跳将起来，扑向 Kissy，Kissy 没料到“舅舅”变脸这样凶，扭头便逃，于是两只猫在客厅里一前一后奔跑着。两圈过后，Kissy 已经吓得抱头鼠窜，咪咪也已气喘吁吁，回到红垫子上续自己的梦，Kissy 则起码几天不敢再觊觎那窗外的风景。

咪咪拖着精瘦的身子，活到了颐养天年的 2010 年——猫龄 21 岁，据说相当于人类 140 岁左右。

我的 94 岁高寿的母亲见到他，常带笑说：“咪咪，我要叫你一声猫兄了！”

送别猫亲

五一节小长假，我们出门去了，留下小李和咪咪看家。临走时，咪咪就不太想吃东西。到达南方的当晚，小李来电话说，咪咪根本不吃了，宠物医院医生说他“超老”，症状是肾功能、肝功能衰竭，其实他的所有器官都已衰竭了。

我们叮嘱小李天天送咪咪去医院挂瓶输液，尽一切努力延长他的生命。每天一两次电话，得知咪咪每况愈下，起初还能喝点儿水，后来靠针管塞进嘴里喂些牛奶，最后连牛奶也喂不进了，浑身发烧。小李把自己的一件毛衣剪开，给他穿上。假期的第五天，小李在电话中哽咽说："咪咪在等你们回来……"

"咪咪，你等等，再等一等！"我心里呼唤着，收拾行装连夜飞返北京。一进家门，看见咪咪侧躺在洗手间里的红垫子上，呼吸微弱，时不时抽搐。他看见我们，长长地"喵呜——"了一声，挣扎着站起来，顷刻又倒下来。我抱住他，久久抚摸着他毛发不齐整的脑袋，把能对他说的、他听得懂的好话反复说给他听："好猫咪咪，咪咪好猫，咪咪乖呀，咪咪乖乖！我们回来了，来送你了……"

凌晨1时零7分，万籁俱静，咪咪又尖细地痛苦地"喵呜——"了一长声，再次挣扎着想站起来，却永远也站不起来了。

咪咪的墓地选在一片他经常在窗口望见但从未到过的翠竹林里，陪葬品有煮鱼的小锅、猫粮和红垫子。为他殡葬的人是小李，还有与他相识以来一直倾注关爱的新的女主人。

时过一年，Kissy无疾而终，享年14岁。宠物医院的医生说他也是"内脏器官都老化了"。Kissy的墓地则在一棵小杏树下，陪葬品与咪咪相若，只是小锅换成了他俩共用的饭盆。

我走过的漫长习作路
——《芳草遍地》序[1]

我的童年是在上海度过的。

那时候，最盼望的日子是星期六，不只因为中午就可放学，下午能痛快地玩，而且因为傍晚大伯父会来家吃饭。大伯父陈伯吹是有“东方安徒生”之称的儿童文学作家，当时在中华书局主编着一本我和我的同学们都爱读的周刊《小朋友》。“近水楼台先得月”，每周末我总能在餐桌上接到浑身散发着油墨香的新出版的《小朋友》。也许，我对于文学的热爱是从这儿开始的。

抗美援朝战争爆发了，正在热火朝天建设新生活的祖国面临严峻考验。我听老师讲时事，听收音机里的少年儿童节目，看电影院放映正片前的新闻纪录片，还有街头的活报剧，真想像邻居的大哥大姐们那样参军跨过鸭绿江，保家卫国。《小朋友》每一期都登载不少朗朗上口的诗歌，像《志愿军战歌》一样“雄赳赳，气昂昂”带劲儿。

这些诗歌萌发了我的创作灵感——第一次实践文学的灵感。一天，在餐桌旁，我鼓足勇气向大伯父“投稿”，是一篇不成“作品”的“作品”，至今还记得它的全文：

---

① 写于1992年11月，原载于《芳草遍地》，香港勤+缘出版社1993年版。

美国兵，胆子小，身穿军大衣，脚蹬高统靴，看看样子很神
气，见了咱们的志愿军，举起手来把枪缴。

大伯父读了，点头笑着说：“好，好。”

不几天，我的“处女作”发表了，登在大伯父主编的另一个园地《大公报》副刊上。题目就叫《美国兵》，署名“一位小读者”。

又一个周末的夜晚。大伯父来家，进门就问我：“你要稿费呢，还是要一枚买书可以打折扣的徽章？”

我要了徽章。这一年中，我别上它，让妈妈带我去三联书店买了不少七折优惠的图书。这一年，我念小学三年级。

不久后，父母亲带着全家翻山渡海，迁徙到第二故乡厦门，在那里我上完小学、中学。我常常学父亲伏案握笔的样子，在方格稿纸上涂鸦习作不停。父亲也是位作家兼教育家，我对宏大世界的启蒙认知都是从父亲给我讲的故事、道理里面获得的。这时他注意到我和文学的结缘，送我一本精致的笔记簿，谆谆劝诱我记日记，辅导我不能见啥写啥，想啥写啥，下笔之前得先想定什么是一天中最值得记录的事情和念头，尽量用最简练的文字记下来；既然要练笔，就得“拳不离手，曲不离口”，天天不漏记，不重复；他还说鲁迅的日记写得十分好，无论长短，篇篇都是漂亮的散文。就这样，特别是高中三年，夜再深，人再疲惫，我一天也没中断过记日记，在这种提炼“最值得的”“最简练的”的过程中，练笔出了成效。

1956 年我 13 岁，初春的一天，我在父亲的书桌上看见一封福建省文联即将创办文学期刊《园地》的约稿函。我试着把自己的一篇习作寄给了编辑部。没想到这篇题名《一桶鱼虾》的处女作在创刊号上发表了，并且受到主编、著名作家郭风老师的热情鼓励。从那以后，扶持我在业余文学道路上成长的前辈作家除了陈伯吹、陈汝惠，还有郭

1955年在福建省文联《园地》发表处女作

风、何为等，我至今记着他们给我的座右铭：无逸，笃学。

厦门市最热闹的中山路上，有一座楼顶竖着一口大钟的大厦，那曾经是令我肃然起敬的地方，培育我青少年志向的沃土花园——厦门日报社。

1957年春的一天，一群热爱文学和新闻事业的中学生，怀着近乎幸福的心情走进了这幢大厦，登上弯弯的扶梯，在二楼一间宽敞的会议室里相会了。他们分别来自一中、四中、五中、双十、女中、厦师，经过事前的联络，得到市文联和团市委的赞许，决定成立一个“新苗文学小组”。成立大会被指定在厦门日报社大厦内举行，对于这十几个同学少年来说是一种荣耀。他们都是忠实的读者，并且都在跃跃欲试，希望早日成为一株在报纸上“破土而出”的新苗。

我是新苗文学小组的发起人之一。没想到，这一天对于我的“破土而出”特别具有意义——会议进行到一半，一位应邀出席的中年编辑悄悄离开座位向我走来，老朋友似的点点头，把一沓红墨水笔删改过的稿纸递给我，轻声说：“你的这篇散文我编好了。拿回去再看几遍，然后抄清寄来。《海燕》副刊准备发表。”几句话像热流呼地涌进心房，文稿握在手里发烫，我立马埋头把编辑老师批改的习作一口气读完。我发现，在作者的署名前，也加上了四个红色的蝇头小楷：“少先队员”——省市文学前辈对“新苗”们的培育、关爱有加。

成立大会一结束，五中来的一位同学兴冲冲地挥着几张印有“厦门日报”字样的空白稿纸，叫住我：“留下来，写一条新苗文学小组成立的消息。已经和通联编辑说好了。”写新闻，我可又是第一次。当天天黑前，稿子交给了一位姓陈的女编辑，二十多岁，两条大辫子。她成了我从事新闻实践的启蒙老师，我就这样当上了报社的通讯员。

第二天，这篇小小的新闻处女作在地方版上见了报。不多久，文艺副刊《海燕》也以一版多的篇幅登出了散文《山野的一餐》。这两件事大力推进我起步当一名新闻记者和作家的信心和力量。从那时起，《海燕》副刊不时发表我的一些习作，几乎是我中学时代生活粗线条的记录。当然，在那些变成铅字的习作背后，更多的是退稿、辅导和约稿的信札。而作为一名报社通讯员，我不时在放学后的傍晚赶去中山路，把发生在周围的自以为有新闻价值的消息送到大厦传达室阿伯的手里。高中二年级的时候，我上学的二中和女中实行并校，这样重要的新闻，报社居然采用了中学生通讯员的报道，登在头版相当显著的位置。

1960 年，我离开厦门去上大学。两年后，又是《厦门日报》副刊《海燕》首先发表了我的译作。在寄来剪报的信封里，有一封热情洋溢的信，字里行间畅叙着阔别，充满着鼓励，然而信末没有编辑个人的签名，我迄今无法知道执笔者是谁，但我记住沃土、园丁的深情。

从业余写作到专事笔耕走过了一段漫长而曲折的道路，但总算在不惑之年实现了儿时的志愿，我加入了中国作家协会，当选为中国散文学会理事、中国记协理事。那时，祖国和我、和千千万万个家庭刚从“四人帮”的魔爪里挣脱出来，迎接了第二次解放。新闻工作帮助我扩大视野、积累生活；文学创作促进我锤炼语言、选择角度。我热

粉碎“四人帮”后，重新拿起笔于福州一中宿舍

1997 年于香港中代处办公室

爱大自然，热爱生活，对于新鲜事物比较敏感，所以追求的创作理想是：探索生活中美的事物，发掘事物中美的深意。形象思维和逻辑思维的互换交替，使得我的文笔更加活跃，适应多种文体。

时不予我，45 岁刚过，命运又把我引向了另一个从未涉足的事业，兹事体大，将和许多新的战友一起从 150 多年来前赴后继的先辈们手中接过历史火炬，把应运中国特色社会主义而生的“一国两制”构想变成伟大的现实。我听从了命运的安排，愿意献上后半生的绵力；也因此，尽管仍朝夕握笔，却离开文学和新闻渐渐远了。

感谢香港勤 + 缘出版社和社长梁凤仪博士的美意，把我大约十年前在福建这个大背景下习作的一批散文、特写编集成册。重新翻阅这些束之高阁的文字，除了勾起“敝帚自珍”之感和翩翩回忆外，我不能不时地批评自己思想和艺术认识的肤浅，字里行间自然留下不少那个年代的印记和遗憾。

谨以此集献给读者，并期指正。

辑二　桃李教　自难忘

为“一国两制”竭忠尽职

——纪念姬鹏飞同志诞辰一百周年[①]

革命前辈姬鹏飞同志是走过二万五千里长征的红军军医，延安时期的中央军委后方卫生部长，新四军苏北挺进纵队政治部主任，华中野战军第七纵队司令员兼政委；新中国成立当年，这位威震敌胆的将军转赴外交战线，出任驻德意志民主共和国全权特命大使，之后走上了外交部领导岗位，坚决执行和捍卫毛主席制定的外交路线达20年之久；粉碎“四人帮”后相继担任全国人大常委会副委员长兼秘书长、国务院副总理兼秘书长，最后于1983年8月到1990年10月兼任国务院港澳事务办公室主任，那正是香港、澳门开启回归祖国进程的历史性时刻。

今天，我们这些曾经在他的直接领导下工作过的后辈在新的世纪展望祖国统一大业美好前景时，更加缅怀这位久经考验的忠诚的共产主义战士、无产阶级革命家、我国外交战线的杰出领导人，追述他为香港和澳门的顺利回归及奠定长期稳定繁荣基础所作出的杰出贡献，心中不禁油然生出对他的崇敬爱戴之情。

---

① 此文由鲁平、李后、陈佐洱三人联名发表于2010年4月28日《人民日报》第七版，陈执笔。

姬鹏飞同志

党的十一届三中全会后，党和国家提出的三大任务之一就是“实现祖国统一”，并为结束外国对香港、澳门占领的历史明确了时间表。就是在这一关键时期，姬鹏飞同志义不容辞地肩负起历史重任，把一生中最后的最成熟、最宝贵的时间、精力和智慧奉献给了祖国统一大业。他以开创性的实践，排除种种艰难险阻，出色地完成了祖国人民赋予的光荣使命。

1982 年 9 月，英国首相撒切尔夫人访华后，从 10 月起，就开始了我国副外长同英国驻华大使官员级关于香港问题的磋商。由于英方不断制造困难，经过五次磋商，历时四个月毫无结果。但是形势比人强，1983 年 3 月撒切尔夫人终于转变立场，她致函中国政府，保证只要双方能就香港的行政管理安排达成能为中国政府、英国议会和香港居民接受的安排，她就准备向议会建议使整个香港的主权回归中国。中方复函表示同意。6 月，在一次研究中英谈判的高层工作会议上，国务委员、中央外事领导小组常务副组长姬鹏飞同志虽然还未兼任国务院港澳办主任，但他以曾在周恩来总理直接领导下参与了恢复中国在联合国的合法席位、中日建交、中美关系正常化等重大历史事件的丰富外交经验，发表了精辟的意见，他说：“从解决香港问题的全盘部署考虑，以早日开始谈判较好。争取在议程上再经过一两个回合的磋商，大体得到解决，即转入正式会谈而不久拖。在议程问题上，原则上我们仍坚持香港政权交接的方式是议程的主要内容，但在表述上可照顾英方的接受程度。”他的这番话，既体现了原则性，也体现了灵活性。遵照他的指导性意见，我方不久即同英方就议程问题达成了协议，并开始正式会谈。

姬鹏飞兼任国务院港澳办主任后，一方面继续处理中英谈判中的重大问题，另一方面领导我们在中央已批准的对香港 12 条基本方针政策的基础上，拟定一份中央对收回香港后如何管治的若干具体政策文件。不久，中央批准了这个文件，连同对港 12 条基本方针政策一起转发给各部委和各省、市、自治区。为了将各方各地的思想统一到中央的方针政策上来，姬鹏飞主持召开了由各有关部门和地区负责人参加的港澳工作会议。他在会议上所做的主题报告，全面而深入浅出地阐明了我国政府对香港的方针政策，以及为什么要采取这样的方针政策。

1984 年 9 月，中英双方代表就香港问题达成初步协议。我代表团将初步协议文本送请姬鹏飞同志审阅。在他亲自主持、指导下，代表团和港澳办的有关同志对协议的初步文本进行了进一步研究讨论，并对其中由双方工作小组达成的附件一《中国政府对香港的基本方针政策的具体说明》作了较多的修改。我谈判代表团遂将经过修改的协议文本再与英方磋商，英方最终接受了中方的修改文本。这个后来成为《中英关于香港问题的联合声明》附件一的文本，基本上就是中国政府对回归祖国后的香港将实施“一个国家，两种制度”方针的具体承诺。

无论在中英谈判期间，还是在此以后，他曾会见大批来自香港和澳门的各界人士，了解他们的想法、顾虑，向他们耐心解释中国政府恢复行使对香港主权的方针政策。他还应香港有关人士的要求，为新成立的香港联合交易所书写了牌名。这件事如果在今天，也许不是什么事儿，因为连内地庞大的证券市场都已名列世界前茅，但在当时，股票交易被认为是“资本主义社会所特有的经济活动”。尽管我国政府一再宣布“保持香港原有的资本主义制度不变”，但很多人仍然半信半疑。姬鹏飞同志为香港联合交易所书写牌名，可以说是一种重大的政治表态，向香港和全世界表明，中国政府所宣布的“一国两制”方针是一定会实现的。现在，香港联合交易所也早已更名为“香港交易所”，但姬老书写的大匾仍高高挂在交易大厅，已成为港人对中央政府实行“一国两制”方针信心的一个重要支柱。

1984 年 12 月中英正式签署联合声明后，姬鹏飞又转而关注、指导已经开始的中葡两国政府关于澳门前途问题的谈判，另一方面作为香港特别行政区基本法起草委员会的主任委员，他主持了史无前例的《中华人民共和国香港特别行政区基本法》的起草工作，这部法律是要把国家将对香港特别行政区成立后实施的“一国两制”方针政策用法律的形式规定下来。这部法律的整个起草过程不同于以往内地任何一部法律的起草，一是起草委员会由内地和香港两地的法律专家和各界代表人士共同组成，二是整个起草过程发扬大民主，草案稿在报送全国人大审议通过前，将在全国包括还未回归的香港公开征求意见。

姬鹏飞同志在 1985 年 7 月 1 日起草委员会第一次全体会议上，对起草委员会的性质、任务和起草工作的大体规划作了说明，并建议在港的委员回港后发起筹组一个有广泛代表性的基本法咨询委员会，作为起草委员会与香港居民联系的桥梁和前者向后者反映意见的渠道。他的上述意见，得到与会者的一致赞同，并很快得到落实。这是一项没有先例、难度相当大的工作。开始时，由于两地委员思维方式各异、工作习惯不同，更重要的是彼此缺乏了解和信任，曾经发生一些小小的风波和误会。后来，起草委员会在姬鹏飞同志主持下充分发扬了民主，绝不以多数压少数，使得起草工作得以顺利推进。

姬鹏飞同志于1985年12月和1988年6月先后两次访问香港，第一次主要是同香港各界人士见面，参加香港特别行政区基本法咨询委员会成立大会，并在会上致辞。姬鹏飞同志还在香港会见了港督尤德，会见时针对港英当局提出的过渡时期加快香港政制改革步伐、企图抢在基本法诞生前完成一系列撤退前的部署，明确表示香港的政制改革必须同中国香港基本法相衔接，在基本法定案之前，中方不赞成在香港搞直接选举。第二次访港，是在起草委员会通过并公布《中华人民共和国香港特别行政区基本法（草案）》征求意见稿之后，面对面地广泛听取香港社会各界对基本法征求意见稿的意见。

基本法的起草工作经过9次全体会议和80多次小组会的紧张工作，经过两次公布草案稿在全国各地和香港广泛征求意见，前后历时四年零八个月，终于在1990年2月如期胜利完成起草工作，每一条款、附件和区旗区徽图案稿都在由两地各界人士组成的起草委员会中以三分之二以上的票数获得通过，然后提交全国人民代表大会审议。这部基本法得到了国际国内的充分肯定，成为联合国以和平方式解决历史遗留的国际争端的范例。邓小平同志对基本法及起草委员会的工作给予了很高评价，他说："你们经过将近五年的辛勤劳动，写出了一部具有历史意义和国际意义的法律。""这是一个具有创造性的杰作。"英国政府对基本法作了这样的评价："基本法是一个重要的里程碑，为香港的未来地位奠定了基础；基本法是联合声明的令人可以接受的反映。"

当香港特别行政区基本法的起草工作还在紧张进行的时候，随着《中葡关于澳门问题的联合声明》的签署，澳门特别行政区基本法的起草工作也提上了日程。姬鹏飞在继续主持香港特别行政区基本法起草工作的同时，又作为澳门特别行政区基本法起草委员会的主任委员，主持了澳门特别行政区基本法的起草工作。这一工作直到1993年2月才告完成。

姬鹏飞始终十分重视港澳工作队伍的建设，善于调动和发挥队伍骨干的积极性，支持大胆提拔使用年轻干部，港澳工作部门的同志们都习惯地尊称他“姬老”。1990 年 10 月下旬李后同志从港澳办离休不久，也已从领导岗位上退下来的姬老建议他写一本书，“把香港进入过渡时期前半段经历的大事写出来”。此后，李后每写完一稿，都送给姬老审阅。那时姬老视力渐差，就让秘书一字一句念给他听，听完后让秘书转达对书稿内容的指点和对作者的鼓励，还指示港澳办的领导支持此书的写作和出版。1997 年 4 月，李后手捧正式出版的书《岁月留踪》，到北京医院看望病榻上的姬老，那时他的眼睛已几乎不能看书了，还是高高兴兴地把书接了过去。

姬老的书法大气磅礴，圆润自然。他曾饱蘸浓墨，挥笔写了“奋进”二字书赠陈佐洱。1994 年 3 月陈佐洱同志出任中英联合联络小组中方代表，赴港前到交道口后圆恩寺胡同姬老的官邸辞行。这位圯上老人语重心长地说：“记住，国家利益至上，在这个前提下外交是妥协的产物。”陈佐洱把这一教导牢记在心。

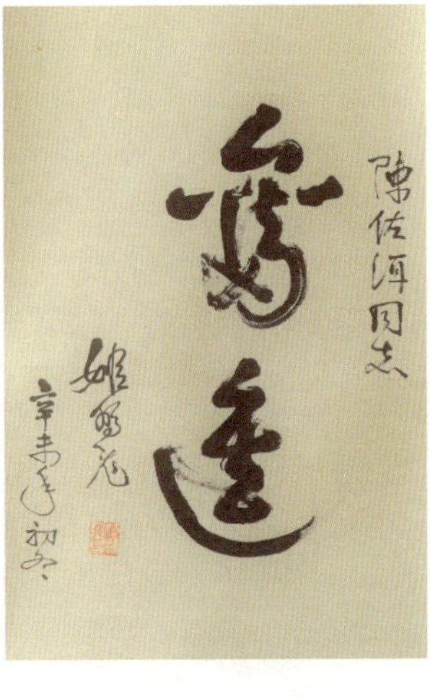

姬老笔墨

1997年夏，香港回归祖国，姬老坚持要求南下出席政权交接仪式和特区成立的盛典，他要亲眼见证与祖国分离了百余年、历经磨难的游子回到祖国母亲的怀抱。6月30日晚上，姬老在深圳发着高烧，亲属和医护人员劝他不要赴港，他执意不从，由医生紧急护理后仍乘车跨过了深圳河。数千名中外嘉宾在现场看到，时为中央代表团成员的姬鹏飞颤颤巍巍地走上中英香港政权交接仪式的主席台，在起立奏国歌的时候有些站不稳了，邻座的曾庆红同志特意与卓琳同志换了位置，用力搀扶住他，仰望着冉冉升起的国旗行完注目礼。

1999年冬姬鹏飞同志身卧病榻，已不能亲临澳门回归的现场目睹这倾注了他心血的又一盛事。我们带着花篮，到北京医院去看望他，那时他已不能说话交谈，但听到振奋人心的澳门回归喜讯，微微睁一睁眼，表情十分欣慰。姬鹏飞在与病魔作斗争的全过程中，神志始终是清醒的、坚强的，直至最后因肺炎和脏器严重衰竭，安详地停止了呼吸。

姬鹏飞同志把自己最后的生涯贡献给了香港和澳门回归祖国的统一大业，他的历史功绩和崇高的道德风范将永远留在我们的心中。

桃李教　自难忘
——缅怀鲁平同志[①]

鲁平同志是指引我后半段人生的导师之一。他忠心报国，生命最后一刻仍关注着“一国两制”成败及港澳繁荣稳定。

温馨客厅的启蒙课

1987 年春，我来北京兼任中国新闻社港台部主任，寄宿在北新桥三条侨办大院内的总社客房。恰好对门就是新成立的国务院港澳办秘书长鲁平的临时宿舍，使我得有机会造访。除与鲁恭兄叙谈外，鲁平偶然也介入朋友圈。他的谈吐和风度，学贯中西的渊博学识，都令我这来自外省的小编辑耳目一新，钦佩之至。关于“一国两制”的 ABC、香港基本法起草框架、澳门过渡时期三大问题等启蒙课，我都是在那不大的充满温馨的客厅里学习的。

9 月，我作为中新社代表，遵照邓小平同志的指示精神，在中央台办和总社社长直接领导下成功接待了首次闯入大陆公开采访的两位台

① 原载于香港《紫荆》杂志 2016 年 10 月号，《人民日报·海外版》2016 年 11 月 5 日、《人民政协报》2016 年 11 月 17 日转载。

鲁平同志

湾《自立晚报》记者，一时间几个部门争相调我从事新的工作。这时，鲁平向港澳办党组推荐了我，并请书记李后亲自考察我。

基本法里倾注心血

1988年1月我正式成为港澳办一员。第一份工作就是在李后、鲁平二位秘书长领导下，在徐泽、张荣顺二位年轻但富有经验的同事支持帮助下，负责香港基本法起草委员会秘书处有关事务。

香港基本法的框架和草稿的主要内容，基本上就是数年前鲁平带队赴港调研后形成的中央关于落实“一国两制”方针的12条具体政策措施，经中英谈判载入《中英联合声明》附件一，成为中方对收回后的香港的承诺。基本法就是用法律的形式把这些政策措施规定下来，全国都要遵守。

在当时的国际国内环境下，来自内地和香港的起草委员们对大多数条款的草稿都意见纷呈，甚至争执得面红耳赤。鲁平牢牢把握落实“一国两制”的12条原则，随时向草委中的法学专家“四大护法”虚心请教，在大会小会上苦口婆心，循循善诱，想方设法把两地草委的意见统一到中央精神上来。

起草委员会的大大小小会议相当透明，每次都吸引大批抢新闻的传媒朋友。往往会议刚结束，鲁平就把文件袋交我一存，披挂上阵去会见久候在走廊里的中外记者。会议室距离记者等候区仅几十米，每跨前一步就要形成一段腹稿，犹如作“七步诗”，可是他沉着冷静，应对自如。记者们大多喜欢他，因为他有问必答，和颜悦色，凡是能公开的会议内容都会开诚布公，既客观介绍草委尚存的分歧，又坚定而委婉地阐明中央立场，不怕挨骂，不怕个别媒体歪曲，不怕被别有用心的人“出口转内销”从而“穿上小鞋”。

在“一国两制”的两者关系中，“一国”是根本，是前提；失去或忽略了“一国”，“两制”便无从谈起。无论会场内外，鲁平都不厌其烦地反复说到这个观点。基本法第二章“中央和香港特别行政区的关系”草稿是争议比较多的一章，所以紧接在第一章总则之后就拟写这章，显现了它的特别重要性。有些草委以为除国防、外交外，中央对香港的所有事务无管辖权，所以对草稿里把“国家行为”涵盖为“国防、外交等”的这个“等”字疑惑不解。鲁平向他们解释，这个“等”就是中央与香港特区的关系，既然香港是直辖于中央政府的一个地方行政区域，其拥有的行政权、立法权、独立的司法权和终审权都是中央依法授予的，特区行政长官和主要官员也都是中央实质性任免的，那么权力属于中央的这些个“等”，不也都应该是“国家行为”、是中央应有的权力吗？

草委们在大前提上取得了一致，讨论到具体条款的某提法、某措辞甚至标点符号时仍十分热烈，甚至历时几年才得出结论。这些结论，不是没有原则的妥协，注入了鲁平“坚定＋灵活”的高超智慧，得来殊为不易，例如第17条关于特区立法机关制定的法律须报备全国人大常委会的规定，最终写成了“如果全国人大常委会认为该法律不符合基本法有关条款，可将其发回。一旦发回立即失效，但无溯及力”。“报备和发回立即失效”体现了中央对特区立法的审批权，“无溯及力”

体现了中央对特区权力的照顾。又如第 23 条的拟写，在 1989 年 7 月后，最后一次草委全会上才最终确定下来，既保留了香港特区“应自行立法”，又增加了禁止“分裂国家”等内容。

经过四年八个月充分民主下的千锤百炼，两次在香港和内地广泛征求意见，对原草稿进行了 100 多处认真修改（其中半数以上是来自香港各界的意见建议），整部准备提交全国人大审议的香港基本法草案以及区旗区徽图案，终于在 1990 年 2 月 16 日起草委员会第九次全会上经无记名投票表决，逐条逐件获得三分之二以上多数赞成通过。为了庆祝中国立法史上没有前例的圆满成果，当晚全体起草委员和秘书处工作人员举行大联欢，李后、鲁平二位秘书长高高兴兴地和秘书处全体工作人员一起登台，合唱脍炙人口的《歌唱祖国》和贝多芬的《欢乐颂》。曲目是由鲁平审定的，还指定我担任这次合唱的指挥。台上的每个人都知道，这一千多个日日夜夜，两位秘书长在草案稿里倾注了多少心血。几周前，鲁平还一再督促检查应出席的 55 位草委能否如期出席的详细情况，有位草委正在加拿大做学术研究，不便提前回国，鲁平亲自给他打电话说明重要性和迫切性，并为他联系业务主管部门和其他多个部门，排除了所有可以想到的困难，满足了包括经济补偿、物质待遇方面（例如出入境不满一年仍有权一次性购买“三大件”）的现实需求，终于多争取到一位草委的投票权。

第二天上午，雪后放晴，空气清新，北京人民大会堂屋顶上银辉耀眼，中央领导人在这里接见全体起草委员和工作人员。上午 10 时，邓小平同志步入东大厅，在热烈的掌声中即席发表重要讲话。他说：“你们经过将近五年的辛勤劳动，写出了一部具有历史意义和国际意义的法律……这是一个具有创造性的杰作。”小平同志刚开讲，鲁平示意我赶紧记录。接见结束，我立即整理记录稿，经审定后中午就由新华社全文播发。这就是现在收入《邓小平文选》第三卷的小平同志关于香港问题的最后一次公开讲话。

4月4日，七届全国人大三次会议举行闭幕式。我跟随鲁平来到人民大会堂万人大礼堂的二楼，观摩全体人大代表审议表决通过香港基本法草案。当主席团宣布香港基本法以压倒性多数赞成票通过时，鲁平激动地从座位上站起来，使劲鼓掌，两行晶莹的泪水从眼镜片下方挂下来。这是我第一次也是最后一次看见他落泪。难怪孝子鲁恭在八宝山父亲骨灰龛里安放的两件陪伴物之一，就是一本中英文的香港基本法。

国家利益的坚定捍卫者

1989年后，处心积虑“光荣撤退”的英方在未与中方做任何商量的情况下，倾港英政府全部财力外加未来特区政府须背负庞大债务，抛出一个“新机场建设计划”。香港确实需要一个现代化的新机场，早在80年代初中方就已向英方提出，但被置之不理多年。现在，这新机场能这样建吗？为什么工程设计费用几乎已被英资顾问公司“包圆”了？

针对港英政府97/98年度的财政预算只准备留下远不敷特区开张的50亿港元，国务院港澳办鲁平主任着急了，他面对众多媒体连声责问英方：“怎么办？怎么办？怎么办?！”这三个“怎么办”，从此成为香港过渡时期流传官场、民间的口头禅。随着推进机场建设的单方面努力处处碰壁，英方尝到了没有中方合作真办不成大事的苦头，终于回到谈判桌旁。我作为中国政府工作小组组长，与英国外交部助理国务次官伯恩斯等谈了几轮，还是谈不拢。

时间到了1991年6月27日，高手出场的时候。英国特使、首相外事顾问柯利达携带新的方案，绕道他国秘密飞来北京。他的谈判对手正是中国国务院港澳办主任鲁平。这位瘦瘦高高的老人是英国首屈一指的中国通，曾经出任驻华大使，回国后担任两任首相外事顾问。我至今记得，谈判一开始，他的眼睛像老鹰一样尖锐地直视鲁平，两分钟内一语不发。鲁平更沉着应战，迎向柯利达的目光，也紧闭双唇不开腔，直到对方收回目光为止。由于英方带来的新方案基本满足了中方对未来香港特区财政状况的关注，更重要的是英方接受了中方依据《中英联合声明》附件二延伸出来的一项重要原则，即在香港过渡时期，凡是跨越1997年的事务必须由中英双方磋商一致方可办理。

经过两天舌尖上的外交，双方终于就香港新机场建设的安排及有关问题达成了一揽子共识。柯利达建议，立刻签正式协议。鲁平说："且慢，这么重要的协议我俩只能草签，正式协议得由两国政府首脑来签署。"柯利达一听觉得中方有意加码，火了："那就拉倒，不签了！"说完离开了钓鱼台国宾馆。鲁平并不为所动，对这种语带情绪的威胁甚至十分不屑，他看我有些沉不住气，肯定地说："柯利达会回来的。"在那个特殊时期，西方国家一直对中国实行所谓"制裁"，偶有高层外交往来也尽量不与中国政府领导人握手。这次香港新机场协议如能把英国首相调度到北京，与中国总理一同签署，意义当然非同一般。而对于英方来说，这是在香港过渡时期与中国修复关系的重要契机，否则香港的管治还将步履维艰，所以不会轻言放弃。仅隔数小时，柯利达就来要求复会，并答允梅杰首相不久将访华，和李鹏总理签协议。

翌日是6月30日——离英国交还香港还有整整六个年头。凌晨5时，我轻轻敲开鲁平的房门，把漏夜整理并清稿打印了的中英两国政府《关于香港新机场建设及有关问题的谅解备忘录》中文稿呈请他审阅。他笑吟吟地递给我一首刚填写的词《卜算子》，我先睹为快："雨扣榻前窗，风扰伊人觉，已是更深夜静时，何事争相报。晨起万空晴，鹊雀声声早，只见青遍柳树梢，方晓春之到。"

上午，以"特急件"呈报中央领导的请示很快获得批复同意。鲁平主任和柯利达特使随即在长长的谈判桌两头，在一式两份的中英文本每一页边沿都签署了自己的名字，大厅里弥漫着香槟酒的香气。柯利达举着高脚酒杯，难得一笑，对鲁平说："你是国家利益的坚定捍卫者。"鲁平也还以微笑说："你也是国家利益的坚定捍卫者。"

不忘初心、正气凛然的榜样

无论在殚精竭虑、力争完整收回香港的日子里，还是在维护国家主权、安全、发展利益和保持香港繁荣稳定的春夏秋冬，无论在职还是离休，鲁平不忘初心，始终公而忘私，正气凛然，是我的好榜样。

在中英新机场谈判后的一系列关于香港过渡、政权交接的谈判中，特别是末代港督彭定康背信弃义，推行"三违反"的政改方案后，鲁平和周南等领导同志遵照小平同志"另起炉灶"的重要指示精神，创造性地建议中央出台提前成立香港特别行政区筹备委员会预备工作委员会以及提前成立特区临时立法会等反制举措，为重建战略主动态势，最终完整地收回香港提供了可靠保障。

2012年春，我完成了纪实文学《交接香港：亲历中英谈判最后1208天》初稿，第一时间发往鲁平的邮箱，请他阅正。大约一周后，收到了让我备受鼓舞的回复："读完了你的大作，感慨万千。你以生动的笔墨和第一手的材料刻画了那个我们共同战斗过的惊心动魄的年代。它是一部优秀的、可读性和史料性都很强的报告文学。发表后一定会受到广大读者、内地和香港的欢迎，争相一睹为快。"

这年7月1日下午，香港反对派的游行队伍里首次出现港英时代的英国米字旗，喊出了要分离祖国的"港独"口号。不久，"港独"分子又游行到中央政府驻港联络办公室门前，挥舞米字旗，唱英国国歌，呼喊"《南京条约》万岁"，打出了"中国不会给我们真正的自治，唯一出路是独立建国”的反动标语。对此，美国《华盛顿邮报》大篇幅地图文报道。85 岁的鲁平再次被激怒了。他给《华盛顿邮报》发去一则电邮，要求全文刊登：“这些鼓吹香港独立的人是纯粹的白痴，没有内地的支持，香港就会变成一座死城。他们知道每天喝的水从哪里来的吗？他们或许自以为比英国人聪明。为什么英国人最后选择把香港交还给中国，而不是宣称让它独立呢？”这家美国报纸未刊登鲁平的评论。

鲁平又把邮件发给我，我立刻响应共鸣，在我的香港新书发布会上，回答读者提问时引用鲁主任的评论，说：“我感到痛心，那面米字旗本应该放进历史博物馆，而不应该再出现在街头。”我还把鲁平的评论译成中文，托香港媒体朋友予以发表，最后仅有《南华早报》发表了，用的仍是英文。

热爱事业、热爱团队、热爱生活

鲁平热爱“一国两制”事业，时时关注着香港、澳门，像守卫国门的哨兵一样。他每天要读十几份港澳中英文报纸，往往能从别人不经意的字里行间敏锐发现对手的新动向，并提出自己的看法。他教导我：“像下象棋——和老谋深算的殖民主义者打交道，你走一步要看三步。”也许因此，对手们都对他敬而生畏，连被他斥为香港“千古罪人”的彭定康，也不得不在回忆录《东方与西方》中欣赏他的聪明、出众外表、一口流利的英语，“但中国的政治让我们之间只能拥抱像默剧一样的敌意”。

正是中华民族同仇敌忾、实现祖国统一的意志，让鲁平和他的团队在中央正确领导下胜利迎来了港澳回归。他爱护并且信任自己的团队。一旦办公会议议定了的事，就放手让司处长们各司其职，往年轻同事肩上多压担子。在办公楼里他是不苟言笑的，对犯了错的人——

鲁平同志和我于澳门

包括对我的批评教育，是不留情面的，治病救人的。我这一辈同事以及更年轻的与他忘年交的同事们，都更愿意把他看作一位教授而不是部长。我们欣赏他满头漂亮的银发、语出惊人又合情理的答记者问，我们喜欢跟随他矍铄脸庞上的喜怒哀乐，有时心悦诚服，有时战战兢兢。“鲁平同志”——多年以来港澳办上下几乎都这样称呼他，称呼里含着尊敬和爱戴。

鲁平对于自己也同样严格要求，年届古稀又大病初愈，却担当着统领香港回归“参谋部”这样宏大繁重的责任。上率下行，每天早晨8点前他必定踏进办公室，日理万机，该做的事情一定当天做完，做不完就加班加点，直到办公桌面上干干净净，没有一张积压的文件纸，才提起公文包离开。所以，1997年上半年的几乎每个夜晚，国务院港澳办机关大楼的每扇窗户都灯火通明。下了班，回到侨办、港澳办干部合住的甘家口塔楼公寓，他又变得十分和气，见人笑吟吟打招呼。他年轻时就喜欢捣鼓电器、机械，大学学的专业也是农机，“文革”中赋闲在干校，常骑着自行车帮人修理收音机。所以，公寓里楼道的电闸保险丝断了，谁家的电灯不亮了，他都会热心及时施援。遇上节假日，偶然放松下来，还会招呼左邻右舍的同事一起来聚个餐，各家出一盘菜，南北风味大荟萃。

他热爱生活，是一位水准很高的音乐爱好者。20世纪八九十年代，CD还不普及，他的家里摆满了古典交响乐的录音磁带，同一曲目的作品可能有好几盒磁带，是由世界不同乐团不同指挥家演奏的。他曾说，那些收集来的磁带是家里最大的财富。每次谈交响乐他都津津乐道，对我弟弟、中国第一个交响乐指挥博士陈佐湟的兴趣比对我大得多。他常叹息说："香港还没回归，能腾出来欣赏交响乐的时间太少了。"而香港回归后，他又迷上了电脑，每天在小小的屏幕前一坐就是几个钟头，收发E-mail，关注天下大事、港澳动态。

2015年元旦刚过，他从珠海回北京，到北京医院北楼查体，说腰背持续疼痛，可能扭伤了。不料经医生和CT仪器仔细诊断，竟是胰腺癌晚期了。原来只为查体准备住一两天院的，却不得不继续住下去。我多次看望他，他都不愿多谈病况，不愿多麻烦医院和港澳办机关，反而常常问全国港澳研究会的近期活动，专家学者们对局势又有什么独到看法。

有一天，我坐在他的病榻旁，他沉默了一会儿，郑重地向我交代了三件事：1. 鲁师母开始有老年痴呆的现象，担心走在师母前面，以后帮她找个好的保姆。2. 秘书小韩是个优秀青年，去香港大学进修过，帮他成长为好的港澳业务干部。3. 完全拥护以习近平同志为总书记的党中央，拥护习总书记和中央对港澳工作做出的一系列重要决策和指示。白皮书写得很好。要痛下决心，对照十八大以来的中央精神，总结和反思过往的工作……

鲁恭兄嘱我写篇纪念文字。半生桃李之教，顿时涌上心头，仿佛又听见了贝多芬《第九交响曲》中的《欢乐颂》。哀丝豪竹声中，逝者如斯，发人深省。愿"一国两制"事业蒸蒸日上，香港澳门特区繁荣稳定，这应是对鲁师在天之灵最好的告慰。

蔼然可敬的师长
——缅怀李后同志[1]

我第一次跨入国务院港澳事务办公室的大门，是在 1987 年初冬，接受办领导的面试。走进党组书记、副主任李后同志的办公室，我看见宽大的办公桌后边坐着一位目光睿智的长者，表情严肃、友善，这一印象从此长时间地印在我的脑海里。当时，李后同志问了我两个问题："一是刚结束的中新社接待台湾《自立晚报》两名记者公开闯大陆采访事宜很轰动，你是否参与其中？二是有几个部门要调你从事新的工作，为什么想来港澳办？"我回答："一、是的。二、早在小学历史课上就知道，近代史的第一个国耻是鸦片战争，现在离被割让的香港回归还有 10 年，如果我可以为此竭尽所能，参与雪洗国耻，那是莫大的光荣。"李后同志没再问什么，点点头说："欢迎你来港澳办工作。"

进办后，港澳办安排我到一司即香港特别行政区基本法起草委员会秘书处工作，在李后、鲁平两位秘书长的直接领导下，从学习"一国两制"方针、基本法架构，开始熟悉纷繁复杂的香港回归事务，同时逐步适应与跑新闻大不相同的国家机关的工作方式。两位领导的言

---

① 写于 2009 年 12 月 23 日，原载于《我的港澳情怀：走过的路和思考》，中国文史出版社 2019 年版。

李后同志

传身教，严格要求，仿佛让我上了一次速成 MBA，终身受用。李后同志不苟言笑、勤勉俭朴的工作和生活作风，是众口称道的。秘书处在北京举行内地起草委员、专家的小型会议，办里车队一般都只派车接送外单位的草委和专家；我则常搭乘李后同志的专车、坐在司机座旁来往，也正好在车上向领导汇报些工作，请教些问题。李后同志的指示总是简练、明确，几乎没有一字多余。

李后同志对于自己肩负的责任有神圣的使命感。1988 年秋天，我陪同他和几位起草委员到福州市听取各界对香港基本法（草案）征求意见稿的意见。省人大常委会的同志建议第一次来福州的李后同志到一些地方看看，李后同志唯独提出看林则徐故居。在市中心的南后街，由林氏故居改建成的纪念馆里，他仔细地参观，听介绍，不时联系滚瓜烂熟的鸦片战争历史发表点看法，最后还破例应邀为纪念馆题了词。事后我想，一向比较低调的李后同志在这个场合欣然命笔，该是在向先辈寄送告慰，宣示光明在前的信心。在香港 150 多年的沧桑史里，有多少仁人志士前赴后继，不懈奋斗，誓让香港重回祖国的怀抱，但是弱国无外交；只有中国共产党建立了新中国，提出了“一国两制”构想，才以最佳的方式和平解决了香港回归的历史大任。现在全国各地和香港广泛征求意见的香港基本法草案稿，正是勠力同心把“一国两制”的构想用法律形式规定下来，为未来中国香港特别行政区作出最佳的制度安排。

李后同志领导国务院港澳办和香港基本法草委会秘书处工作，在大是大非问题上总是旗帜鲜明。记得在草委会的中央和特区关系小组讨论“国家行为”定义、全国人大常委会有无权力发回特区立法机构制定的不当法律时辩论激烈，李后同志的发言正气凛然，淋漓透彻地把“一国”乃“两制”前提的要旨说了个清楚明白，使得一些委员如同醍醐灌顶。可是在多数场合，尤其是与来自香港的委员和记者谈话时他却和颜悦色，求同存异，对无关要旨的歧见一笑置之。他还特别嘱咐我，即使对自始至终投反对票、明摆着是来起草委员会捣乱的个别委员在接待上也要以礼相待，因为毕竟也是全国人大常委会任命的。

讲究礼仪与坚定捍卫原则并行不悖。我的印象中，李后同志很生气的一次就是对那个被港人骂作“汉奸”的某草委在草委会小组讨论时信口雌黄，胡搅蛮缠，污蔑中国共产党和社会主义制度，他予以了措辞严厉的谴责和回击，差一点拍案而起。散会后他还怒气未消，对我说：“这个英国御用大律师还懂法吗？懂中国宪法吗？连中国人都不配做。跑到美国去乞求不给中国最惠国待遇，乞求支持他在香港组‘民主拒共’政党。哼，来跟经历 60 多年风雨的中国共产党干仗，真太‘小儿科’了！”

1990 年 2 月 16 日，基本法草委会第九次全体会议也是最后一次全会在北京举行，所有条文和附件的草稿都以无记名投票逐条表决的方式，获得三分之二以上多数通过，起草工作就此告成，很不容易。当晚，全体委员和秘书处工作人员在驻地北京饭店贵宾楼三楼的平台上联欢，李后同志高兴地与同事们高唱《歌唱祖国》和贝多芬的《欢乐颂》。第二天早晨，京城白雪皑皑，李后同志陪同邓小平、江泽民等中央领导人在人民大会堂接见全体委员和工作人员，并合影留念。小平同志即兴发表了有关香港回归的最后一次公开讲话，高度评价基本法起草工作，这篇重要讲话后来收入了《邓小平文选》第三卷。

香港基本法经全国人大审议通过、国家主席颁令公布，标志着香港回归的过渡期进入了后半段。这时候，李后同志从领导岗位退了下来。在我记忆里，自宣布的第二天起，他好像没再进过日夜操劳多年的办公室，但依然情系港澳。在姬鹏飞同志的鼓励下，他潜心回忆了自少年从军投身革命到香港基本法颁布半个世纪的精彩人生，伏案著书，特别是收集整理大量资料，费时一年左右，把香港回归过渡期前半段的大事相当完整地记述了下来，写成如今研究这段历史很有价值的一部著作。

早就听说，李后同志少年投笔从戎，多才多艺，是八路军中的知识分子。可是他这方面的才华，我是在他离休之后才更多地见识到。过去偶然到过李后同志宿舍，部长级家庭的窗明几净和温馨朴素使我添生敬意。他离休后，我造访问候的次数多了些，家里的两只大白猫虽然略显老态，依旧十分可爱。不久，我读到了李后同志发表在老年杂志上的关于大白猫生活种种的散文，文笔隽永细腻，不但情有独钟，而且妙趣横生。再不久，我又惊喜地在李后同志家的书房、客厅里陆续发现了他的画作，有“为我家毛毛和大卫造像”的双猫，有“猛虎也重母子情”的双虎，还有一幅形态有些似牛的健猪，上款自题道：“73 岁生日画猪不成反类牛”——原来李后同志是属猪的。李后同志在签名时一定写繁体字的“後”，常带着微笑叮嘱我们：“我的名字是这个‘後’，不是皇后的‘后’。”

李后同志对待疾病的态度是坚强的、豁达的。他说，自己 15 岁参军，经历了抗日战争、解放战争，拉着受伤的同志在枪林弹雨中奋力突围，子弹没伤着一点儿皮，现在活到八十几岁，命已经够长的了。当得知罹患癌症后，他除了积极配合治疗、关注新药问世外，还是坚持天天散步，先是从月坛南街绕三里河路到月坛北街返回南沙沟；后来只在南沙沟小区里转圈；再后来难以下楼了，就在屋里来回踱步……我让机关人事司根据老同志的病情需要，破例在他家里安置了随时可以使用的氧气瓶。

2009 年 9 月 27 日，李后同志走完了不平凡的一生，临终的遗愿是丧事从简，不要惊动组织和同志们。但是，国务院港澳办的领导和同志们仍然集合起来，在北京医院举办了一场小型的告别会，表达大家深深的悼念和哀思。

您安息吧，李后同志！

天香桂子落纷纷
——忆南怀瑾老师的爱国情怀[①]

刚赴港参加了纪念香港回归20周年的系列活动，又来到秀拔奇伟的武夷山下，为闽港澳大学生夏令营授课。

坐落在景区边松竹林中的一家岩茶厂，请我和福建省国际友好联络会宋会长一行喝茶。好客的茶艺姑娘冲泡了大红袍中的素心兰、岩香妃、肉桂……博得我们一次次赞赏。这时，茶厂的老板手握一个金黄色纸包出现了，说："我给你们品尝一种独一无二的茶，是用五六种岩茶专为南老——南怀瑾先生拼配的大红袍。"我接过纸包看，上面果然有熟悉的老师墨迹"瑞泉号"三个字，左下落款是"九四顽童南怀瑾"加红色印鉴。

"你见过南怀瑾先生吗？"我问。

"没有。"黄老板遗憾地说，"我们是通过他的弟子供茶，南老觉得比台湾铁观音更对口味，还为茶题写了名号。"

这款茶果然别致，不仅香清色浓味醇，茶水似乎发亮，咽入喉后，

① 原载于《光明日报》2017年8月18日，《上海纪实》2017年9月号、《散文》海外版2017年10月号、《新华文摘》2017年11月号、《炎黄纵横》2017年11月号转载。

南怀瑾老师

满嘴甘味生出一股奇妙的灵气，让我陷入神驰念想。我是在 20 世纪 90 年代中期有幸拜会南老师的，那是一生中一个最困难的时刻。

坚尼地道，一花一叶

1995 年冬，我出任中英联合联络小组中方代表驻港已近两年。虽然南老师在香港潜光隐耀，但他的“亦儒非儒”“是佛非佛”“推崇道家又非道家”，集中华文化之大成的才学，早已如雷贯耳，而且对他促进两岸和平统一的贡献，我也曾从时任海峡两岸关系协会会长的汪道涵先生那儿略有所闻。我托请一位与南怀瑾相熟的朋友引见，附电话号码的便笺，递上数月却无回应。不料 11 月底，我竟收到了他的邀请。

那时，我揭露末代港督彭定康临撤退前假充“好人”，实则是给香港未来“埋钉子”——他以每年 27% 的速度连续五年大幅提升社会福利，而且扬言要再提升五年。我指斥这是个阴谋，好比在崎岖山路上开高速赛车，用不了多少年就可能“车毁人亡”。我的言论遭到了恼羞成怒的彭定康和一众港英高官强烈反击，一周内炮制上千篇大小文章围攻我；更使我难受的是，一批不明真相的老头儿老太太也被挑动，举着破轮胎到中英联合联络小组中代处门前“抗议示威”。在这面对内外压力的艰难时刻，我接到了南怀瑾办公室的来电，先生决定约见我。

我惊喜地得悉，原来南先生的会客场所与中英联合联络小组谈判楼同在一条坚尼地道上，仅隔了四栋楼宇，谈判楼是 28 号，一座筑在小山包上的意式二层小楼；南先生的会客公寓是 36 号 B，第四层楼。

一进门，就看得见大玻璃窗外郁郁葱葱的香港公园，转身面对的是庄严美丽的大幅彩墨国画，几乎满墙壁都是画面上的一池荷叶莲花，画作的左上方恭正隶书写着禅意深邃的十个字——“一花一世界　一叶一如来”。后来才知道，画和字是老师的高足、二位台湾艺术家所作。老师应该很欣赏这幅画，从香港的坚尼地道到庙港的太湖大学堂，都在会客厅里挂着它。也许老师希望每一位来客都能用心感悟到，大千世界里的一花一叶虽然渺小，但同样涵盖着时空间万有之共性，不必执迷于因个体现象而起的种种烦恼。

第一次拜会，南老师就让我和他坐在“茂盛的荷花池”对面。我正襟危坐，目不转睛地注视着神清气朗的老师，倾诉作为外交官维护至高无上的国家利益和未来的中国香港特区利益的艰难，以及由此遭遇的憋屈。他点着支烟，微微笑着，有时点一点头，那种小说里描写的仙风道骨，令人如沐春风。

接下来我聆听他的教诲。他直入正题，侃侃而谈，分析当下香港局势，肯定我的立场观点，全非老夫子式的说教。他领我站了起来，走到客厅朝海的窗户前说：收回香港是何等艰难的世纪大事。你对英国人不要客气，但有的时候也要忍一忍，心气要高，心态要平和。要和香港的记者们多些联系，经常请他们喝喝茶……

在他的言谈中常常妙语连珠，还有精彩的旁征博引。见我反应迟钝时，就操起纸笔写下明示。此后与老师交往的 17 年里，这样的互动一以贯之。为此，我得幸珍藏了老师的除亲笔信函、赠我著作扉页上题称的“陈佐洱老弟”外，另 20 余件墨宝。

例如为我励志，他曾写下明末清初“岭南三忠”之一陈邦彦之子陈恭尹的诗句，“海水有门分上下，江山无界限华夷”，用诗人对南宋陆秀夫在珠江出海口崖山负帝跳海的悲壮凭吊，隐喻今日珠江口上的香港二百余岛仍被洋夷强占的屈辱史实。陈的诗基调悲壮，感慨遥深，我至今记得老师一字字书写、讲解的情景，更加觉得肩负参与收回香港和维护国家主权、安全、发展利益，保持香港长期繁荣稳定的重大责任。

谈笑间，胡虏灰飞烟灭

大约是 1997 年的 6 月下旬，由于连续五个昼夜艰苦谈判中国人民解放军先头部队能否以及怎样提前开进香港，以防止 7 月 1 日零时出现防务真空问题，有将近一个月未及造访老师。当中英双方达成一致的消息公布于世，我立刻抽空去老师府邸。我要告诉他，几天前，谈判陷入最难僵局的那个深夜，我在会议小休的咖啡时间，独自走出谈判楼，在花园的大榕树下转圈踱步。脚下是车人穿梭的坚尼地道和香港公园，海风吹得头顶上的树叶瑟瑟作响，心绪烦闷的我折身东望老师寓所，多想即温听厉，再接受些提点。如今在中央指示下，经双方努力，取得了圆满结果，应该向老师报喜。

果然，当主宾围聚在“人民公社”晚饭桌旁时，老师让我“做报告”。南老师府上的晚饭历来谁在谁就能上桌，流水席，大锅饭。据说上世纪 70 年代他在台湾讲学时就对此习以为常。老师总是安排我坐在他右手边的位子上。他自己吃得很少，几粒花生米，几筷子小菜、鱼，一小碗粥。他喜欢听学生们自由开放地谈古论今，只有在大家争论不休、莫衷一是的时候，他才会像从云端飘然而下，用炉火纯青的平和语气，一语中的给出个答案，而且往往是幽默的，深入浅出的，带着警语、典故的，这是饭席上最精美、丰盛的精神佳肴。

距离香港回归只剩下屈指可数的日子了，厅堂里洋溢着热烘烘的喜气，话题由我军先头部队将踏上被强占去156年的领土，转到英国的“日落”、香港的明天。老师和大家一起兴致勃勃地批判背信弃义的“三违反”者彭定康，又为我在两张记事纸上写下宝贵墨宝，一张是“日暮途穷，倒行逆施”——指彭定康为一己私利，搅局香港平稳过渡；一张是将苏轼《念奴娇·赤壁怀古》中的佳句巧改二字：“谈笑间，胡虏灰飞烟灭。”随着老师收起笔端，在场的所有人一阵哈哈大笑，笑声里尽是扬眉吐气，充满自豪。

全部身心，归根太湖

香港特别行政区成立以后，我奉调回北京。不久，老师也秉持叶落归根的思想，决然迁回内地。

老师侨居海外50余载，其间，为保存和弘扬中国传统文化倾囊藏书达数万册，其中包括《四库全书》《大藏经》《道藏》，多为古本、善本、珍本；还收藏有少量佛像、书画、琴剑等，共计600多箱。老师致信说：“这些藏品很珍贵，不仅属于我个人，也是中华民族的宝贵财产。我已年至耄耋，这些藏品亦当随同我叶落归根，回归祖国内地。”我接信后，当即居中协调。海关对于一般私人藏书通关的确有限制的规定，我建议海关总署作为特例处理，玉成了老师的美好心愿。南老师逝世后不久，依法得以继承的子女们一致宣布将这许多遗物捐赠公益。因此，我又联系了文化部副部长兼国家图书馆馆长周和平，周馆长非常欢迎，并表示可以在国图辟出地方，设立“南怀瑾捐赠文献专区”。

老师回归内地后，定居在吴江庙港镇的太湖之滨，那里的绿化和水质特别好，是上海市自来水工程引流太湖水的咽喉地带。老师决定

南师和我在太湖大学堂

在这里兴建一座太湖大学堂。设计图初成时，他在图上指点我看，兴致勃勃像个少年人。他不辞辛苦历时六年，看地、看风、看水，规划、筹款、督工，终于让无论规模、设施都堪称一流的太湖大学堂建筑群拔地而起。漫步波光粼粼、细浪拍岸的太湖堤上，联想20世纪50年代老师在台湾基隆陋巷的授课堂，辗转东西南北，直到湖畔这占地280亩的教学基地，真是由衷地为老师的学问成功、人生成功高兴。

而又有谁能想到，若干年后，老师最终在这儿化作一缕青烟，在这儿留下了无价的精神和物质的财富，还有一堆璀璨夺目的舍利子。

一统中华，情坚金石

我认同一位朋友与晚年南怀瑾深谈后得出的印象，他称南师一生致力于中国传统文化的推广传播，是当之无愧的国学大师、诗人；虽然著述丰厚，弟子无数，其实他最关心、在意的还是祖国的命运，始终乐意在促进统一大业上贡献一份力量。

老师刚回内地，暂居上海番禺路时，询问我“一国两制”方针和香港特别行政区基本法在香港开始践行的情况。我向他报告，“一国两制”是中国共产党史无前例的创举，从未有哪国执政的共产党在建设社会主义的同时，还允许一小部分地方保持原有的资本主义制度不变。在国家统一的前提下，维护两种制度长期和平共处，互相促进，是中国特色社会主义的重要组成部分。

南老师颔首赞同，说：“香港要靠牢这‘一国两制’，否则繁荣不了，稳定不了。”又沉思了片刻，当即为我背录了白居易的一首对仗工整、连用叠字、诗味回环的七言律诗《寄韬光禅师》：

一山门作两山门，两寺原从一寺分。
东涧水流西涧水，南山云起北山云。
前台花发后台见，上界钟声下界闻。
遥想吾师行道处，天香桂子落纷纷。

这首诗中，东西南北前后上下，有顿拓无限空间的超然感觉。我想，尾联一句“天香桂子落纷纷”的点题，是道出了老师为“一国两制，统一中国”情坚金石、不遗余力的一贯念想。

为国家添记一笔历史

2008 年 4 月，我离开国务院港澳事务办公室，当选全国政协常委，不用天天“朝八晚五”上下班了。我南下拜访南老师。老师问我知不知道宋代名臣赵抃？我坦承孤陋寡闻。老师就讲了这位官至右谏议大夫为人一生清正的故事，出行轻车简从，只带一琴一鹤，死后被谥为“清献”，即清廉惠贤的意思。老师又背录了赵抃告老还乡后写的一首七言诗赐我：

腰佩黄金已退藏，个中消息也寻常。

世人欲识高斋老，只是柯村赵四郎。

老师讲述前人的境界和心迹，是要我敬贤。

老师又让宏忍师复印了一份普明禅师的《牧牛图颂》给我，《图颂》由10幅牛的诗画故事组成，展示了由浅入深、由勉力而趋于自然10个阶段的开悟过程。老师又像站在讲台上板书，解释《牧牛图颂》是心性之学，是认知生命本性之学。我说肉身得自父母，灵魂得自所处的时代、社会环境和接受的教育，以及传授知识的老师们。在太湖大学堂住了一晚，翌日辞行时我告诉南老师，同事、朋友们多有建议，自己也生此愿望，把中英谈判交接香港的最后1208天亲历写出来，对国家、对一段历史、对至爱亲朋和自己做个交代。老师很赞成，说："这是为国家添记一笔历史，要写真事，说真话。"

2010年9月下旬的一天，我再度驱车从上海来到吴江庙港镇，拜访南老师。老师略显清瘦，戴了顶绒线帽子，衣服也穿得厚实了些，品学兼优的秘书马宏达伺候左右。这光景与十多年前老师在香港金鸡独立、执剑起舞能旋转360度，已不可同日而语。老师问我写回忆录的进展。我答，已经核实梳理完有关资料，开始动笔，打算用文学笔法，一个一个故事作为独立章节，写成可读性比较强的纪实文学。他含笑说："等你写出来，我要看看。"我欣喜回答："一定，老师也是香港回归祖国的重要见证人！"

中天满月，最后诲勉

这次辞行时，老师要我在他的办公桌旁坐下来，抽出一张空白A4纸，想了想，给我写了两句话："水唯能下方成海，山不矜高自极天。"

接着破天荒地写下落款“庚寅仲秋于庙港”，并签了大名。这来自《孔氏家语》，也是演变自《道德经》的精华，是可以管我一生做人做事的道理，却未想到是老师的最后一次诲勉。现在回想，不由得一惊——正是两年后的彼日彼时，他驾鹤西去，永远离开了我们！

2012 年 9 月，我的书《交接香港》终于以简体字本和繁体字本，同时在内地和香港出版了。为了出席筹备已久的新书发布会，和 20 个当地青年团体联合座谈，18 日我抵达久违的香港。甫一下飞机，就接到老师的爱子、忠孝文武皆全的国熙兄电话，告知南老师病重已送往上海医院治疗，他原定后天出席新书发布会的，现在却急匆匆往机场赶，要飞去上海伺候父亲。我问国熙能否在相向路上短暂见个面。他说“好”，立刻嘱咐出租车司机绕一段路。我俩在我下榻的酒店门口紧紧拥抱，心情都很沉重，心照不宣，默默祝愿老师能够转危为安。我在刚出版的新书上写了请求老师阅正的话，请国熙转呈。

后来，据守候在老师床边的朋友说，国熙把《交接香港》举在老师面前说：“陈佐洱的书出版了，请你指正！”处于病中的老师抬手画了两个圈（表示加倍赞赏）。平时，老师给一个赞，都很难得。

29 日噩耗传来。虽有思想准备，我仍跌坐在椅子里久久起不来。皓月当空，泪出痛肠，许多回想、追思、懊悔填满脑海，翻腾激荡着。稍事平静后，我用心向庙港的老师灵座发去了一副挽联：

庄谐温厉忆音容，献后学迟交之卷，感公犹锡嘉评，向庙港凝眸，倘可深恩藉报？

困苦艰难蒙诲勉，抱高山仰止之忱，愧我幸无辱命，望中天满月，不禁悲泪如倾！

学生陈佐洱拜挽

先生之风　山高水长
——在纪念肖蔚云教授逝世十周年座谈会上的讲话[①]

肖蔚云教授曾经称自己经历了求学救国、修宪历程、港澳风云等人生三部曲。可以说，第三部曲是他人生最辉煌的一页，此时的肖教授进入了学术研究最成熟、成就最高的阶段。他为“一国两制”从构想变为现实，倾注了全部的智慧和精力，参与起草了港澳两部基本法，并为在全国推广、贯彻落实“一国两制”方针和基本法做出了锲而不舍的努力。

肖教授是情系“一国两制”、到死丝方尽的第一代春蚕。我们今天纪念他，就是要学习和发扬他的春蚕精神。我认为，这种春蚕精神主要表现为以下四个方面。

第一，他为香港、澳门回归祖国和保持两个特区繁荣稳定倾情奉献，死而后已。20 世纪 80 年代初，邓小平同志创造性地提出“一国两制”的科学构想。当这一构想还是一株破土而出的嫩芽时，法学家肖蔚云教授就甘当它的第一代园丁。

1985 年 6 月，他被全国人大常委会任命为香港特别行政区基本法

---

① 2015 年 5 月写于澳门，原载于《我的港澳情怀：走过的路和思考》，中国文史出版社 2019 年版。

起草委员会委员、起草委员会政治体制专题小组双负责人之一。从此，他便把主要精力投入到研究“一国两制”、起草香港基本法的工作中；之后，又踏着迎接香港回归的脚步，担任了香港特区筹委会预委会委员、香港特区筹委会委员，直到香港特区宣告成立。其间，还交替担任了澳门基本法起草委员会政治体制小组的双负责人之一、澳门特区筹委会委员。

在参与起草港、澳两部基本法时，肖教授已逾耳顺之年，但他仍以“老骥伏枥，志在千里。烈士暮年，壮心不已”的精神，以不亚于中青年人的旺盛精力勤奋工作，自始至终不辱使命。在香港基本法通过后不久，肖蔚云教授就出版了一部港澳和内地乃至世界都关注的重要著作——《一国两制与香港基本法律制度》。这是我国第一部研究“一国两制”法律理论和基本法的学术专著，成为研究香港基本法的一部重要读本。此后，肖教授继续勤于著书立说，积极推动港澳基本法的传播和普及。

对于破坏香港顺利回归、曲解和否定基本法的错误言行，肖蔚云教授一贯旗帜鲜明，不怕打压，更不怕挨骂，与之进行了坚决斗争。例如，对于彭定康炮制所谓“三违反”的政改方案，肖教授专门著文，痛斥末代港督背信弃义，严正指出：“我们决不会拿原则做交易。”正是由于捍卫“一国两制”和基本法真谛的坚决态度和重要贡献，他被学界公认为基本法的“四大护法”之一。

第二，他从中国国情和港澳实际出发，为“一国两制”国策的法律化增添权威的法理依据。正如邓小平同志所指出的：“从世界历史来看，有哪个政府制定过我们这么开明的政策？从资本主义历史看，从西方国家看，有哪一个国家这么做过？”“一国两制”没有历史经验可以借鉴，这就需要对“一国两制”方针政策的法律化，寻出许多亟待解决的重大理论课题。肖教授在人生的第三部曲中，提出了很多新颖的

肖蔚云教授

真知灼见，经过集思广益，为创建既不同于内地、也不同于西方国家或地区的有中国特色的港澳特别行政区政治体制作出了重要贡献。例如，“一国”与“两制”的关系、中央与特区的关系等，以肖教授为代表的老一辈专家学者以巨大的理论勇气，创造性地加以科学阐述，圆满地解决了这些问题。这些灼见不仅一直得到内地与港澳社会的广泛支持，而且在2014年为《“一国两制”在香港特别行政区的实践》白皮书所继承和发展。白皮书指出，“一国”是实行“两制”的前提和基础，中央拥有对特别行政区的全面管治权，特别行政区高度自治权的限度在于中央授予多少权力，特别行政区就享有多少权力，不存在“剩余权力”。

关于特区的政治体制问题，香港基本法起草时曾有两种不同的意见，一种主张“行政主导”，一种主张“立法主导”。肖教授根据香港的实际情况，坚持主张实行“行政主导”。他认为，香港是一座发达的经济中心城市，如果行政和立法经常矛盾、对立，就不利于香港经济的稳定和繁荣，所以提出了行政与立法要互相配合而且是重在配合的观点，而基本法文本定稿最后采纳的也是这种观点。

第三，他既能坚持正确的主张，又秉持有商有量的态度，虚心听取各方的意见。起草基本法涉及广泛的领域，其间两地不同文化背景的草委发生争议是难免的。在争议特别多的政制专题小组，召集人肖蔚云教授总是秉持有商有量的态度，得到了全组一致的拥护。他善于听取其他委员的意见，也善于吸纳有益的意见，遇到一时僵持不下的话题，就通过耐心的沟通和协调，促进大家一步一步达成共识。而为了寻求共识，肖教授甚至调动我这个草委秘书处负责人，让我带着他的意见方案，在晚上休会时间去敲香港草委的门，这样间接的、非正式的一对一的交谈，比在会场正面交锋容易“有面子”，下得了台。

第四，他教书育人，为“一国两制”理论和基本法研究队伍的壮大作出了卓越贡献。肖蔚云教授始终是一位好教授，尽管他的社会工作极为繁忙，但从来不忘教师传道授业的天职。几十年春风化雨，他的弟子及弟子的弟子“遍天下”，今天在座的就不乏其人。现在，不少肖教授的学生青出于蓝而胜于蓝，也都成为港澳研究领域的著名专家、基本法的新“护法”，对全国港澳研究会研究队伍的建设也立下了奠基之功。1994 年，北京大学法学院成立了专门的港澳法律研究中心，肖教授担任中心主任，中心成立后即成为研究和宣传基本法的一个重要阵地。

2000 年，他又应澳门科技大学董事会邀请，创建澳门科技大学法学院，为澳门培养彼时十分缺乏的法律人才；直至逝世前，仍在为澳门的发展殚精竭虑。

今天，我们仰望 80 年代初由一株新苗成长起来的这棵枝叶繁茂的“一国两制”大树，不能不缅怀伟大的邓小平同志以及追随小平同志的一众辛勤园丁，其中就有肖蔚云教授令人肃然起敬的形象。我们感念他们的培育之功、浇灌之功；更会记得在以习近平同志为核心的党中央领导下，前赴后继把“一国两制”事业推向前进的崇高责任。

“云山苍苍，江水泱泱，先生之风，山高水长。”肖蔚云教授定会长长久久地活在我们心中。

访问冰心[①]

离开福州已经三十多年了，对那座滔滔闽江水穿越的美丽城市一直怀念在心。北京有个地方，每当经过，总会勾起我对福州和对上世纪同龄人冰心的温馨回忆。

那是1978年深秋，北京的早晨。我搭乘公共汽车来到市西北角的白石桥，步行向北，便望见了中央民族学院琉璃瓦屋顶上覆盖的白霜。我找到校内魏公村宿舍区的和平楼，在东侧的第二层收住脚。

轻轻叩了两声门。来开门的，果然是一位鬓丝如银的“二十世纪同龄人”，纤弱的个子，慈祥的目光。

“您好，冰心老，福建青年社的同志们向您问好！”我的问候脱口而出。

她笑得那样亲切，把我引进了客厅。这间陈设雅致的房间不时接待来自五大洲的友人，特别是一群群黑卷发或者蓝眼睛的亚非拉孩子，他们常围着作家的沙发椅叙长问短，接受知识，享受温暖和乐趣。

冰心老利索地戴起老花镜，一边读我带来的介绍信，一边交谈

---

① 1979年10月写于福州，2021年3月改于北京。原载于《闽都文化》2021年第四期。

着。在她相当标准的普通话里，真找不到南方乡音。她一岁不满还在襁褓里，就举家随参加过甲午海战的中国第一代海军教官父亲，从福州北迁上海、烟台、北京，其间她只回故乡上了一年福州女子师范预科。祖国沿海的几个城市陶冶了她的性情，开阔了她的胸襟。有一次，她和父亲在沙滩上漫步，满腔维新热血的父亲感慨地说，中国长长的海岸线上，有许多美丽的城市，渤海湾上下就有威海卫、大连、青岛，但是都被外国列强侵占了，独剩脚下的烟台……

冰心老的诞生地，就在辛亥革命前后人才辈出的三坊七巷，一座深宅大院里。那里本是黄花岗起义烈士林觉民家，起义事败后，林家转让给了谢家。我向她报告，福建青年社的社址离谢家故居很近，在东西走向一条马路上，约十分钟路程。她乐了，于是我们一起神回了榕荫郁郁、相思绽金的东海之滨。虽然冰心老在故乡生活的时间不长，但娓娓动听的谈吐中却充满了乡情，她关心福建，关心福州各个方面的变化。

“福建省文联扩大会议开了，很好，很好！昨天，我还收到郭风同志寄来的信和一部长篇小说呢。”她先祝贺我当选了省文联委员，说着转身从书柜里取出姚鼎生同志写的《土地诗篇》。我介绍，这是福建人民出版社出的第一部以本省为题材的长篇小说，凝聚了老姚同志一二十年的心血。

“呵！”她点头赞许。我们谈起了小说的语言和风格问题。冰心同志的经验之谈是，文章写到有了风格，必须是作者对于自己所描述的人物、情、景有着浓厚真挚的情感，有抑制不住的冲动，语言也不是人云亦云东抄西袭的语言，而是代表自己情感的独特的语言。

“省团代会开了吗？”冰心同志忽然问道。我不能不佩服她的好记性。因为两个多月前，我曾向她写过一封约稿信，提及福建省团代会即将召开的消息。她居然记在心上。

当她听说由省团代会选出来的福建代表团在刚刚闭幕的共青团十

世纪同龄人冰心

大上受到中央领导同志集体接见，而且位置恰巧安排在华国锋同志和邓小平同志身后，似乎若有所思，却又诙谐地说：“你们真是幸运的，我几次受接见，都安排在边儿上。我曾经说过，青年人不应像风般飘扬，而应像山般屹立。为着后来的回忆，小心着意现在的画。……”

我看见她握眼镜柄的左手有些颤抖，右手却攥着拳头。半个世纪以来，拳头与笔结合在一起，爆发出难以估价的艺术力量。她对祖国对人民深深地热爱，对敌人对愚昧落后无情地鞭挞，通过自己独特的春雨般清新、细腻的笔触，浇灌了几代“小读者”的心田。无论在异邦他乡，或在祖国首都，她始终把自己看作一名“炊事员”，竭力为少年儿童们提供“色香味俱佳”的精神盛宴。

“冰心同志，您五十五年前写了《寄小读者》，二十年前写了《再寄小读者》，粉碎‘四人帮’后，又振奋精神继续写《三寄小读者》。真希望在您的‘三寄’中，能读到专门发给故乡新人的文作！”

作家欣然答应：“一定写！活了这么大年纪，该说的话是应该说出来。老树新枝，也要开出有益的花朵呀！”

“您知道，”她愉快地说下去，“我没想到今年福建高考的成绩又那么好。最近，我接待了一个很有名的英国出版界代表团，他们谈到最早介绍西洋文学、传播外国进步思想的翻译家林纾、严复，都是福州人。还有，现在全国科协的四位顾问——高士其、张文裕、林巧稚和我，也都来自福建。所以，福建很有特点，是很有东西对青年同志写的。”

我向她汇报，其他三位顾问都已为《福建青年》赋了诗、撰了文。

“呵！”她听了又连连点头，既像鼓励，又像安慰地说，“你们的青年杂志办得不错。我没交稿，心里也许比您更着急。我不但想写福建，还想回福建看看呢，可惜几次机会都给冲了。我正在编建国三十周年的儿童文学剧本选，还要写一篇序，今天正写呢——生命从八十岁开始，有多少事情等着去做呀！”她耸一耸肩，慈祥的双目望着我，转过话题说：“我常说读书好，多读书，读好书。”

我激动地插嘴道：“您老童年时就是读书迷，十一岁就读了《三国演义》《水浒传》《红楼梦》《聊斋志异》，十二岁从祖父桌上拿起了《茶花女遗事》，您喜欢杜威和罗素、泰戈尔和托尔斯泰，然而鲁迅的《狂人日记》更让您震动，由一位有志于学医的女青年转向了文学，直至一生。……”

她微笑着听我唠叨，那是我从过往读她作品里了解到的作家的读书经历。她听着听着笑出声来，接着说：“我想给福建青年写的文章就是鼓励读书，中国和外国的好书都要读，多多地读，学贯中西嘛。”冰心老的一生就是学贯中西的典范，从立足中国，留学美国，到研学欧洲，再赴日本讲学，又回到故国三千里。

我记起了作家宝贵的时间，坐不住了，更不忍心急切索稿。告辞和平楼时，太阳已升得很高，琉璃瓦上没有了霜，却闪耀着飞霞流翠的光彩……

不久，我接到了冰心同志寄来的大作，循循善诱、辞趣翩翩，题目就是《学贯中西》。那天，我望着北去的白云，遥祝敬爱的世纪同龄人和我们一起奔向2000年！

“富 + 善”与“红苹果”[①]

香港回归祖国过渡期的后半段，我在那里工作了四年整。身处一个除旧布新的时代大变迁中，社会各界的生态也都在变。

除了繁忙又艰难的政权交接谈判外，我还不时应邀出席一些当地的社会公益活动和爱国爱港社团人士举办的迎接回归活动。这恐怕是出身国务院港澳办的外交官与外交部科第出身的外交官不尽相同的工作方式。把外交作为终生事业的职业外交官们，无疑视香港政权交接为一桩神圣大任，但在派驻香港之前或之后，他们都得奉命去祖国需要的其他国家地区或国际机构，履职其他重要的外交使命；而以倾力推行“一国两制”为终生事业的国港办官员们，则把因工作需要充任外交官视为“半路出家”，而把能亲身参与、见证港澳回归这一历史时段视为一生的莫大荣幸，因为150多年来梦寐以求并为之奋斗的同行前辈和后人们都无缘于此，何况之前之后，将矢志不渝、竭心尽力维护国家在此的主权、安全和发展利益，保持和发展此地的长期繁荣稳定。在中代处这个特殊的外交机构里，来自两部门的外交官可以相得

① 2012年4月写于北京，原载于《交接香港：亲历中英谈判最后1208天》，中国文史出版社2019年版。

益彰。

在回忆与香港杰出人士的交往中，我想记述一下李嘉诚先生。他是我在香港工商界人士中十分敬重的一位，他那对炯炯有神的微笑的眼睛，永远在镜片后闪着智慧的光。

敬重主要不是因为李先生长袖善舞，富甲一方，而是因为他的家国情怀。这在 155 年来港英当局只鼓励港人发财致富、不鼓励甚至不允许过问时政的香港尤其可贵。

我觉得，李先生秉持的气质应与博古通今的国学修养大有关系。有几次面对面午餐，我们的话题集中在古典文学上，他谦虚地说小时候念过几年私塾，父亲家教严，所以粗略学了一些，可是谈吐中不时有唐诗宋词或元曲的名句脱口而出，每每引用得恰到好处；甚至于佛学，密宗的白度母、绿度母，禅宗的《金刚经》，他都能津津乐道。有一回他怕我听不明白，把《金刚经》末尾的四句偈语“一切有为法，如梦幻泡影，如露亦如电，应作如是观”随手写在菜单上给我讲解，一同探讨。

李先生的两家旗舰集团公司长江实业和和记黄埔的业务是全球性、多元化的。他告诉我，他有一本英国护照，用它旅行、做生意比较便利。我表示理解，这与中央对香港永久性居民中的中国公民的国籍政策是相符合的。1995 年，中英联合联络小组在伦敦开会，中方代表团应他和和记黄埔集团的邀请前往英国东南部，参观菲力斯杜港。这个英国最大、最繁忙的集装箱海港已归香港和记黄埔所有。当我们在和黄总经理霍建宁先生热情陪同下，看到港口办公大楼前高高飘扬的五星红旗，检阅昂首挺立、清一色老外的保安队时，心中油然升起一种自豪感。

我曾给李先生格外倾注心血的“第三个儿子”——教育医疗慈善事业的支持重点——汕头大学师生们讲过一个“红苹果”的故事。

大富大善李嘉诚

那是我刚到香港工作不久的一天，忽然收到李先生送来一箱苹果，色泽红润带青，个儿硕大且圆，送进口里甜爽汁多。箱里还附了封短信，介绍这是产自中国的新品种红富士苹果。众所周知，在上世纪 90 年代初，香港满街的苹果多是来自美国加州的“蛇果”，果名应是从英语 Delicious 音译过来的。可要是把这两种苹果里外比较一下，Delicious 的美称恐怕得转让给中国了。

我打电话向李先生致谢，他的兴奋溢于言表，说自己偶然在深圳尝到这种红富士苹果，想不到祖国的果农把几十年前曾经驰名中外、后来退化了的国光苹果改良得这么好，于是买了几百箱带回香港分送好友，还特别给各国驻港总领事们附信赠送了。

我对汕大即将毕业的同学们说，李先生为了人类特别是祖国的教育医疗事业，给予内地及香港等方方面面的捐赠已经超过 200 亿港元，仅对汕大的捐赠就 100 多亿港元，但是他本人的生活却十分节俭，我看见他手上戴的那块普通的精工电子表十数年不曾换过。

我说：“你们，是李先生心中中意的‘红苹果’。他期望着你们为国家、为人类增光添彩。”

汕大医学院的高才生毕业后，不少人希望出国进一步深造，对此李嘉诚基金会是理解和支持的，但一连几年资助了五人去美国，却都学成后滞留不归，不免相当失望。1998 年春天，其中一位已在斯坦福大学医疗中心肿瘤科上班的医生校友萌生了回国效力的想法，李先生得悉十分高兴，决定破例亲自接见他，倾听年轻学人回国工作可能遇到的顾虑，尽可能地给予鼓励支持。当李先生听说整个广东省只有广州某大医院有一台世界先进的放疗仪器时，当即拍板赞助 500 万港元，为汕头市医院也添置一台，让海外归来的校友学有用武之地。又过几年，李先生听闻这位年轻校友成为了家乡街头巷尾称颂的医院肿瘤科主任，欣慰至极。

“落红不是无情物，化作春泥更护花。”李先生喜欢龚自珍的这两句诗，他活用了原诗意。

两颗中国星[1]

在中英联合联络小组以外的社交活动中，我结识了许多香港社会各界的成功人士、知名人士。

无论我走到哪里，只要头顶晴朗的夜空，放眼满天闪烁、高深莫测的繁星，就会想起新华社高级记者杨福田写的一席话：“目前，除地球外，人们还不知道哪个星球上有人类生存。但是，却有许多人的名字登上了星体。其中，五十多名中国古今著名人士享有这种名扬宇宙、永垂史册的殊荣。”

长期从事小行星探索和研究的中国科学院紫金山天文台是国际上最有影响力的天文台之一，由于它不断发现宇宙中的新星，就不断获得了新星在经国际小行星中心颁定永久编号后的命名权，使得数十位中国人的名字因此在通过一系列杜绝商业行为的申报、审批程序后，相继在宇宙空间永享一席之地。

我之所以感兴趣，还因为其中大约有 20 位中国香港人的名字在天空中放射光芒，比如高锟、金庸、邵逸夫、曾宪梓等，他们或者以令人信服的杰出科学、文学成就赢得殊荣，或者是不仅自己事业有成，

①原载于《交接香港：亲历中英谈判最后 1208 天》，中国文史出版社 2019 年版。

『扶贫状元』方润华

而且在关怀和资助人类科学及其他文明事业方面作出了突出贡献。

这时，我会想起两位老一辈成功人士、值得尊敬的爱国者、慈善家方润华和吕志和先生。

乐善好施方润华

那是 1994 年 11 月 11 日的下午，我应邀到港岛南的乡村俱乐部，出席中国科学院紫金山天文台受权将新发现的 5198 号小行星命名为方润华星的隆重典礼。

身为香港协成行董事总经理的方老先生在半个世纪的商海风云中无疑很成功，难能可贵的是他数十年如一日地践行着“取诸社会，用诸社会”的理想，每年都把协成行 10% 的盈利通过以方老太爷大名立名的方树福堂基金和方润华基金捐赠给内地、港澳台及国外的教育、科技、医疗、社会公益事业，总数已达数亿港元。

国家改革开放之初，方老乐善好施的美名已经在中国内地传扬，有“扶贫状元”之称。他曾经杨振宁教授介绍，资助我在北京大学任教的堂哥陈佳洱作为访问学者赴美国考察；我到香港工作后认识了他，才知道这回事。方老对我说：“如果国家不富强，我们就要做三等公民。我年轻时候因国家境贫寒及战乱，读书不多，现在更觉得读书的重要，所以只要能为国家培养人才做点事，就不枉此生了。”

佳洱担任北大校长后于1995年来港访问，我们兄弟俩去南湾方老先生府上造访。他家简单、朴素的陈设令人肃然起敬。他郑重其事赠送我们的纪念品，仅是两块从内地某偏远山区拾回来的普通小石头，他说：“纪念纪念，就是要记得那个地方那件事情，那是中国很贫困的乡下，要用文化和科技知识让那样的乡下也富起来。”

方先生有天天剪报的好习惯，读到精彩或者有感处就会在一旁加写批注，甚至自撰长短文章乃至对联、条幅。在我幸会他之后的十多年里，几乎每个月都能收到他寄来的一两次这类复印件，有时还夹有亲笔信，内容囊括天文地理、中外时政、养生、信仰，等等，十分广泛，记得他还曾在报纸上撰文呼吁：“学习盖茨、李嘉诚先生‘富而好善’的博爱精神，回馈国家和社会，帮助有需要的人，此其时也！”

那天，乡村俱乐部里的典礼高朋满座，香港各界名流和内地科教界代表都前来祝贺。在聚会上，我见到了他的夫人方谭远良女士，这是另一位慈善家，年轻时从借打电话与邻居方润华相识到情投意合、以沫相濡、走进金婚钻婚殿堂。没想到新世纪伊始，她也获得了经国际小行星中心批准的5709号新星的命名。夫妇获得双星殊荣，史无前例，好比牛郎织女跨过鹊桥，携手下凡人间。

“情理法备”吕志和

也是在这个场合，我第一次见到了方老的志同道合的朋友吕志和先生，1996年他也因为长期对人类教科文事业作出的杰出贡献获得了

5538 号新星命名为“吕志和星”的殊荣。

之前，我已久仰这位低调的“建材大王”“酒店大亨”。他几乎任何时候都是笑容可掬，头戴一顶英伦男士帽子，据说怕空调冷气。我与他则是同病相怜（后来他也送了我一顶），也许由此一见如故，两人谈兴越来越浓，谈他 60 年来的诚信经营、稳健经营，谈香港沦陷期间日寇的暴行、日本政府发行的军票战后竟不认账，谈当下香港面临历史性转变出现的种种“怪现象”，他对于中国香港基本法主张坚持行政主导、循序渐进发展民主大加赞赏。

有一次，我到北角嘉华集团总部做客，这栋全港唯一有私人码头的以圆柱体与立方体几何图形构成的蔚蓝色大厦高高矗立在维多利亚港的东区走廊畔，上下一体近百米的玻璃幕墙分外耀眼。

在第 30 层吕老先生的办公室里，他和我一起坐南朝北，静静地隔海眺望，他的眼睛微微眯起，注视着九龙观塘以西的一座青山，露出一往情深的欣慰，说：“那座山上的石头几乎都被采光了。可是多年来我们一直是边开采边绿化修复，虽然成本提升，但终于还原了青山绿水，心安理得。”我想，那山大概就是 60 年代吕氏父子斥资 1.6 亿港元投得开采权的秀茂坪安达臣大亚石矿场吧？当时曾轰动全香港，尤以注重环保的卓识和大公襟怀被传为美谈。

吕老先生是祖籍广东江门的美国归侨，有三子二女，个个成才，在嘉华集团总部和海内外各司其职。但不管孩子们身在何处，每年岁末都要举家回到父母亲膝下，前呼后拥着二老到祖国内地某个地方去走走看看。吕老先生和长子耀东先后都是全国政协委员、多个省市的荣誉市民，却从不用政府部门来安排接待行程，整个家族乘几辆中巴车开到哪住到哪吃到哪，这是吕老先生集祖上百年爱国爱乡传统定下的规矩，意在让子孙们也都切记低调，以普通中国人的身份自在地熟悉国情、亲近祖国，把这份情感融入各自掌管的公司业务中去。嘉华

吕志和和我

集团的慈善公益事业由长女慧瑜分管，可以说每年每月都在捐资扶贫帮学，振兴科教，支撑文艺，过去20年仅在内地和港澳的捐款已累计超过5亿港元。吕先生此生的一大宏愿是设立一项堪比诺贝尔奖的东方大奖，聘请国际上德高望重的专家学者组成评委会，定期发布评选结果，赞助、表彰世界科技文化事业中脱颖而出的领航者。他对于伸张正义、维护社会安定和谐也非常热心，当得知国家公安部设立见义勇为基金后，立刻捐助了一大笔资金。

吕老先生爱惜人才，爱护青年。我曾介绍北京医院的一位优秀青年医生，申请吕老的嘉华还贷奖学金去美国进修。抱歉的是，我热心牵线时疏忽了这项奖金是需要学后“还贷”这个概念。两年后，这位医生学成回国，写信向吕老先生汇报在外的优异成绩，表达深深谢意。不久，嘉华慈善基金会回了信，在祝贺之余征询他如何安排自己的无息还贷计划，说明这笔还款还将提供后来申请者使用。医生为难了，出国前在申请表上签字时似乎也没注意到奖学金要限期归还的承诺，现在即使一年不吃不喝把全部工资还贷也不够数。

于是，我趁吕老先生一次来北京的机会把尴尬的原委告诉了他，承认我对此也负有责任。他思忖了一会儿，要我翌日约医生一道来宾馆吃午饭谈谈。饭局进行得很融洽，吕老先生仔细听取了医生关于医院以及本人现状的汇报，在发表了一番对内地工资制度劳酬倒挂的唏嘘后，破例当场豁免了医生的还款，使得这位医生和我顿时如释重负。不单如此，吕老还鼓励他要继续精益求精钻研医术，进而表示今后如果医院需要添置与这位医生专业有关的先进仪器设备，愿意考虑资助。事后我才知道，被“破例豁免”的款项，由吕老先生自己掏钱补给了基金会。

也许这是吕志和先生的经营之道“情理法备，取其平衡”的一个验证吧!

辑三　在历史的转捩点上

破冰之旅的开启[①]

“三十年河东，三十年河西。”三十多年前，台湾《自立晚报》二位记者曾以非凡的勇气公开来大陆采访，破冰两岸新闻乃至人文交流，轰动一时。这家曾经颇有影响的台湾第三大报虽已在本世纪初停刊，但是 1987 年 9 月的那段往事依然没有被人淡忘。

顺势而上的勇敢之举

这年秋天，台湾岛上风传实行 38 年之久的“戒严令”可能出现突破，原籍大陆省份的民众有望获准回到阔别了半辈子的家乡探亲。台湾各家新闻传媒当然得风气之先，反应敏感，都在摩拳擦掌。《自立晚报》年富力强的老板吴丰山处事果断，抢先出手了一个秘密计划：派记者抢滩大陆，公开采访！于是，9 月 1 日下午，当赫然以头条新闻刊出《本报特派记者李永得、徐璐由东京赴大陆采访》的《自立晚报》出现在台湾街头时，报摊上立马“洛阳纸贵”，被怀着各种目的的读者抢购一空——当时人类还没有发明网络，更无报刊的电子版。

① 原载于《海峡两岸新闻交流 30 年纪念文集》，九州出版社 2018 年版。

晚报是午后开印发行的。二位担当重任的记者则早已在午前登上了飞往日本的航班。李永得和徐璐都是《自立晚报》吴社长的爱将，资深又年轻。李——男，34岁，客家人，生于高雄美浓，台湾政治大学政治系毕业，报社政治经济研究室主任；徐——女，31岁，祖籍上海，生于基隆，毕业于台湾淡江大学英文系，政治研究室研究员。李做事较为稳重，有心计；徐比较活泼，快手快嘴，俩人相得益彰。他们在东京成田机场降落后，即和吴老板通电话报平安，这时他俩“冒天下之大不韪”的消息已经传遍台湾。

他俩立马直奔中华人民共和国驻日本大使馆。

这是中国驻日使馆首次面对面接待台湾记者。签证官员迅速上报请示并与国内有关方面联系，以加急程序为他们办理了相关手续，叮嘱他们一路千万注意安全，并告知到达北京后，会有大陆新闻界的同行接待他们，提供一切必要协助，成全他们的破冰之旅。

意外受命，成全对岸同行

我做梦也没想到，这一“必要协助”的任务会落在我的肩上。

当时，我正在中国新闻社总社工作，在福建分社社长任上兼任总社港澳台部主任，一面做好部门工作，一面熟悉总社的运作情况，准备奉派去一家驻外分社履新。

9月中旬的一天，中新社王士谷社长通知我去他的办公室，郑重其事地对我说，有两位台湾记者要来大陆公开采访，中央十分重视，此事由中央对台工作领导小组办公室直接领导。考虑到台湾《自立晚报》是民间媒体，中国新闻社也是大陆民间性质的媒体，实行对等接待。王社长告诉我，《自立晚报》来的是一位部门主任，而我正好是负责对台新闻的部门主任，所以由我作为中国新闻社的代表，与几位同事一起接待李永得和徐璐。

具体指导我工作的是中央台办主任杨斯德，还有乐美真同志。公安部的一位姓张的处长和我搭档，相互配合，全程负责协助两位台湾记者在大陆的采访活动和人身安全。

我立即着手准备，重温了有关方针政策、注意事项，拟定了几种情况的预案；然后到中央台办向杨主任和乐美真同志当面汇报和领命。我谨记中央确定的两条原则：一是自由采访，李、徐想采访谁，到什么地方采访，都要尽量满足；二是确保人身安全。后来我才知道，是小平同志定下了以上原则。接着，国务院侨办廖晖主任又接见了我，指示一定要认真做好这次接待工作，不能出现任何差错。

“等你们 38 年了”被拍板“讲得好”

9 月 14 日下午 3 点 50 分，李永得、徐璐在日本东京踏进了中国民航 CA930 的舱门，途经上海飞向北京。为确保机上重要旅客的安全，这个航班在上海多做了一次客货安检，所以延误至 15 日凌晨 0 点 56 分才抵达北京首都机场。

我和张处长于当日傍晚就来到了首都机场现在 1 号航站楼的位置，那时只有这一座航站楼。一进候机大厅，就见到一群中央新闻媒体和境外、国外媒体的同行，他们都是带着第一时间攫取一手猛料的目的，来迎接台湾同行的。

时间一小时一小时地缓慢过去，我在大厅里顺着自动滚梯栏杆的外沿来回踱步，少年时生活在与台湾一水相隔的厦门的许多情景、许多与台湾相关的闽南歌谣接连不断地在脑子里回旋。终于，子夜时分，我和中新社的二位同事得到了航班降落的通知，率先走向廊桥口。

机舱门一打开，首先步出的李永得和徐璐与我握手，歉意地说：

我作为中新社代表，在首都机场迎接台湾破冰记者

“让你们久等了。”

我迎上前脱口而出：“欢迎，欢迎。等你们38年了！”

这是我见到台湾记者时说的第一句话，并未深思熟虑，却是真情流露，在首都机场苦等的四个小时，加深了这种期待。没想到两位台湾同行到达北京发出的第一条消息就称，我说的第一句话竟是“统战语言”，一时间，成了世界多家通讯社援引和多种报刊以显著版位报道和评论的热点，国内的各大媒体在内部也炒得很热，有的说我“阶级立场不对头，怎么38年等台湾人”？有的说我说得巧妙，莫衷一是。后来据说又是小平同志拍板说“讲得好”，我那颗忐忑的心才算定下来。

其实，两位台湾同行在自己报道中说的话也挺意味深长。李永得说：“我们终于迈出了艰难的一步啊！”徐璐补充道：“其实路程很近，但周折了快40年！”

全力协助，不露山不露水

两位记者离开台湾时，吴社长曾交代他们：“只要进入大陆就算成

台湾记者与同行破冰见面会

功。”可是他们从那一刻起的半个月采访，效应远超《自立晚报》的预期。

我一面引路往机场卫星厅外走，一面征询颇为激动的李永得和徐璐：“外面有五十多名中外记者在等候，要不要与同行们见一见？”

“他们苦等了四小时，不见成吗？”两位台湾记者不约而同地说。

我把他们领进早已准备好的休息室，他们立刻就被“与台北相比，毫不逊色”的中外记者包围住了。我也是“老记”了，但在改革开放还不太久的1987年，也从未见过同行间这样互相热烈采访的场面。从此时起，两名台湾同行的身份便成为了采访者与被采访的新闻对象混合体，一夜名闻世界。他们称在大陆的13天，一直是在中外记者追逐的“天罗地网”中。

首都机场的“互访”活动结束后，我送他俩去北京屈指可数的五星级酒店，东三环路旁的长城饭店。路上，我及时切入正题，问他们此行准备采访什么，有何要求，当尽力协助他们如愿以偿。到了饭店，给他们安排好房间离开时，天已破晓。

回到宿舍，我顾不上休息，立刻根据两位台湾记者提出的要求，与助手们分头一一联系采访对象的所在单位或本人。有通过电话的，有登门预约的。中午，在全聚德烤鸭店，中新社社长和总编辑宴请二位稀客。宴请近尾声时，我把一份按他俩要求初拟的日程表以及采访对象们的电话、地址等联络办法送上，两位同行又是一脸惊喜，按常规，记者得自己去联系采访对象，何曾受过如此待遇？要不，怎么叫“跑新闻”呢？我出生在上海，在福建长大，既可以用上海话和徐璐交谈，又可以用闽南话和李永得沟通，乡音把彼此的距离缩短了许多。

台湾记者的谨慎程度有些出乎意料。他们在长城饭店门口招手搭出租车，按排队顺序过来第一辆，他们没有上，却多走几步上了第二辆出租车，可能猜疑第一辆是有意安排的“特别出租”。

台湾记者的敬业精神值得赞赏。他们得到中新社提供的“联络图”后，一分钟也不耽误，立即与采访对象们通电话接头。我则只负责联系，并不陪同，一概不送他们去任何一个采访点，但是和张处长时刻关注着所有进程是否顺利。

数千里真切感受，牵动两岸思考

从 9 月 15 日开始到 27 日，他们马不停蹄，一路南下，先后走访了北京、杭州、广州、深圳和厦门五座城市。在北京，参观了故宫、天安门、王府井，采访了张春男、王锡爵、陈鼓应、黄顺兴、李大维等被称为“走上不归路的流亡者”。在杭州，他们游览了“像古诗一样美的”西湖，品尝了地道的龙井茶，徐璐第一次见到由上海赶来相见的姑母和表弟，姑侄二人抱头大哭，徐璐为此写了篇文情并茂、很是感人的自述通讯。在广州，他们采访了孙逸仙纪念医院和中山大学，参观了孙中山故居及黄埔军校旧址，还突然租车去了中山市翠亨村，探访了孙中山诞生地。在深圳，他们参观了国际贸易大楼、沙头角的中英街、海关及深港出入境口岸等。在厦门，他们访问了厦门大学台湾研究所的学者们，徜徉在与台湾风情一样的中山路骑楼下，用望远镜隔海眺望大小金门岛多时，又突然租车，沿海岸线直奔200公里，采访了曾在1953年被国民党军偷袭、掳走了成百上千壮丁的福建第二大岛东山县，与凄苦守望33年的“寡妇村”的村民们动情叙谈。

对于两位在台湾出生的“新生代”，这是第一次在祖国广袤的山河大地上，用自己的五官真切感受海峡对岸伟大而丰富的存在，举目都是和自己长着同一类体型肤色、说着读着同一种语言文字的中国人、中国情，“一切都仿佛那么熟悉，却又是那么陌生和遥远”。“虽然只是这么短暂而且片面的一个搜寻，但对于从小只在课本上看过‘大陆’的我们来说，却仍具有无比的震撼”，“我们感受到了大陆的真实存在”。他们认为，“大陆14天的见闻只能算是对大陆的惊鸿一瞥，连走马看花都谈不上”。不管怎样，“是一个真实的捕捉，一个完完全全透过台湾记者的双眼所做的直接捕捉，而不是透过外国记者的笔和镜头的折射”。

海峡两岸都关注着两位记者的历史性大陆行，台湾《自立晚报》每天都有他俩大量的独家报道，所见所闻所感。台湾的街头巷尾，民众普遍“叫好”，38年来第一次读到了由台湾记者亲历记述的大陆，心里更跃跃欲试，热切渴望自己也能赶快踏上那片同属一国的故乡土地。李、徐笔下有引起共鸣的深刻反省：“透过我们不同的成长背景，在大陆之行的冲击下，‘台湾经验’和政治理念必会有激荡、投射，甚至沉淀的反应。”“亲眼看到真实的大陆之后，不禁令我们感到过去几十年中，台湾当局所做的反共宣传是多么的僵化。就一般老百姓的生活水准而言，大陆确实仍是落后的，但是我们却不能对它的试图改革视若无睹。……统制大陆40年的共产党虽曾一度因‘文化大革命’和‘四人帮’事件而使老百姓陷入绝望。但如今，它以各项经济改革重新赢得了人民的好感和信任，如果中共的经济改革不失败，无疑地，人民对它的支持亦将增强。”“台湾的民众到了大陆，除了可以强烈感受到大陆的老百姓对台湾的好奇、热情和关心，还会发现和大陆的老百姓之间正若有若无地展开一种不可名状的竞争。民族的尊严，在大陆就像空气一样，到处都可以呼吸得到。因此，‘统一’在他们而言，不但是理所当然的，同时，也深植在他们的内心，成为他们对台湾感情中极为重要的一部分……”

大陆的社会各界也都怀着新鲜、好奇的心情，想看看两位台湾记者怎样来描述海峡对岸，新华社《参考消息》等传媒时有转载。平时看惯了大陆记者文风的读者在读“台湾味道”的报道时，感觉新鲜。我也在天天研读这些文字，思考着一个问题，作为以海外华侨华人和港澳台同胞为主要受众的中新社，该如何从中取其养分，去其糟粕呢？

归程掀起赴大陆探亲潮

除了在北京和李、徐接触几次外，我们再未谋过面，但是始终保持着电话或通过所在地文宣机构间接沟通，一如既往地满足他们在任何一个城市提出的要求。其实，我和公安部张处长每天都“隐身”鞍前马后，“形影相随”着，以确保他们充分享有境外旅行者的权益，在不影响他们自由采访的前提下，更加小心地确保二位的人身安全。我们的警惕性并非多余，当时确有威胁迹象来自对岸，我们绝不让“江南事件”在祖国大地上重演。

9 月 27 日，中国新闻社福建分社副社长李捷在厦门为李永得和徐璐送行。李捷告诉我，临登机时他俩心情复杂甚至有些悲壮，眼里闪着泪花。按照台湾当局“戒严令”规定，他们回去后将至少坐牢两年。

不料刚回到台湾，李、徐就受到英雄式的欢迎。同时，台湾当局宣布要“依法处置”他俩和《自立晚报》。而各界反对处置和声援《自立晚报》的函电也随即纷至沓来，舆论越来越趋向高涨。一个月后，当局正式开放了民众赴大陆探亲，此事也就此不了了之。

面对隔绝了38年的骨肉同胞在全岛掀起汹涌澎湃的探亲潮，《自立晚报》总编辑陈国祥说：“创造了历史。”其实，应该是顺应了历史的潮流。9月的破冰之旅，不仅使《自立晚报》在台湾报业竞争中一度夺取优势，而且也在两岸关系史上浓墨写入了一笔。

在历史的转捩点上
——香港投向祖国怀抱的那些日子[①]

最后谈判的两朵浪花

我的面前摆放着两套香港邮品。

一套是 1997 年 7 月 1 日中华人民共和国香港特别行政区成立当天发行的纪念邮票，共六枚，包括一张小型张、一枚首日封和纪念套折，全套邮品色彩明丽，设计精美。在首日封上，还有首任特别行政区行政长官董建华先生的亲笔签名，这是他特意留给我的纪念。

另一套是 1997 年 6 月 30 日港英当局推出的“香港经典邮票系列”的最后一辑第十辑，贴有这小型张的特制信封上盖了自 1841 年以来的六个邮戳，最后一个邮戳日期是“30.6.1997”；第一个邮戳比签订《南京条约》割让香港岛的 1842 年 8 月 29 日提早了一年半，是英帝国主义远征军武力强占香港并开始实行殖民统治的罪证，外交条约不过是块遮羞布而已。

这两套邮品相辅相成，象征一个旧时代的终结，一个新的时代的

① 写于 2012 年 7 月，原载于《交接香港：亲历中英谈判最后 1208 天》，中国文史出版社 2019 年版。

开始。中国香港特区第一套纪念邮票诞生历程和发行的意义，在邮政史上恐怕是空前绝后的。

早在 1994 年 9 月，负责就香港政权交接、平稳过渡事宜谈判的中英联合联络小组第 30 轮会议上，双方就认定在政权交接时刻合作发行一套纪念邮票。因为这套纪念邮票的设计、印刷和发行准备工作必然是在 1997 年 6 月 30 日前进行，所以分工由中方负责设计和印制，英方则负责提前发行。为落实这个认定，中英双方在 1996 年 7 月至 8 月连续召开了三次专家小组会议，落实各项具体筹备工作，签署合作协议。

那段时间，中代处在谋划专家会议谈判方针的同时，热情接待了来自国家邮政部的邮票设计专家一行，安排他们在香港多走走看看，实地调查研究，尽可能多地搜集素材，获取灵感，俾使纪念邮票的设计图案能充分反映香港特区的管辖范围、悠久历史、文物古迹和风光名胜，既切题又美观，兼顾科学性和艺术性。北京的专家们对这一“前无古人，后无来者”的使命也深感荣幸，不止一次地到香港博物馆、三栋屋博物馆、南丫岛、吉庆围、宋王台、东华三院等反映香港特色的地方去考察，面对面地听取了香港邮票设计师、集邮家们的意见建议。

在中英专家小组会议的磋商中，出现过一个严重争议点。我代表中方提出邮票票面中英文字样应采用“中国香港”；英方却坚持采用原有的“香港 HK”字样，其所持的理由是“保持历史连续性”“尊重港人习惯”。对此，我也精心准备了维护自己意见的理由，指出之所以采用“中国香港”字样基于两点考虑：第一，根据《中英联合声明》和基本法，1997 年 7 月 1 日后香港成为中国中央政府的一个直辖特别行政区，可以“中国香港”的名义同世界各国、各地区及有关国际组织保持和发展关系，所以在香港特区发行的邮票票面上标出“中国香港”的中英文字样，既体现了中国国家主权，又体现了“一国两制”的国策特色。第二，邮票是一个国家和地区的“名片”，万国邮政联盟对在

董建华亲笔签名的中国香港特区第一张首日封

港英当局最后一张首日封

世界各国、各地区发行的邮票上标明发行主体名称早有相关要求，各个邮政当局无不遵循这一惯例。港英当局发行的邮票票面上虽然没有英国国名字样，但有英女王的头像或王冠来体现其管治。

经过两次专家会议，双方就合作的大部分内容达成了共识，8 月 5 日第二次专家会议结束时，英方代表包雅伦在总结发言时两手一摊表示，他“个人认为”采取哪种说明文字是中国和将来中国香港特区之间的事，而“非关英国的事”——在国与国的外交谈判中哪有所谓“个人意见”可言？我敏感地意识到，包雅伦“洒脱”的表态可以解读为，有继续逼其让步的可能性。在 8 月 7 日对协议草稿继续进行讨论的第三次专家会议上，我坚持中方关于票面字样的立场和理由，英方果然不再扭扭捏捏，割掉了含糊的“尾巴”。

随之而来的谈判，就是香港纪律部队新徽号徽章的设计和制作。中国最早的一本词义解释全书《尔雅·释诂》说：“徽，善也。”徽号即善美的称号，是一个群体、一支队伍共同尊崇的图文、符号。如果这个群体、这支队伍属于国家，那么它的徽号徽章首先要彰显的是国家主权。我和同事们依照中央确定的“体现主权，保留特色”重要原则，就香港七支纪律部队的徽号、徽章更替的设计和制作与英方一一谈判并达成了协议。全世界的电视观众在 1997 年 6 月 30 日 24 时看到，在香港举行政权交接盛典的会展中心、各个欢庆场所，以及在海关、街区执勤的警务处、入境事务处、海关、惩教署、消防处、飞行服务队、民众安全服务队人员们，都在这一瞬间更换了全新设计的徽章和徽号。新徽号徽章的最大特色是摘去了标志英国殖民统治的皇冠，代之以香港特区的区花紫荆花。那个晚上，绝大多数执勤的纪律部队人员都把新徽号徽章贴胸藏在制服上衣口袋里，与热血奔流的心脏一起跳动着，直到迎来回归的瞬间才集体亮相，同放异彩。

以上的两桩谈判，可以说是香港政权交接最后几朵浪花中的两朵。中英联合联络小组的最后一次巅峰活动应是 1997 年 6 月 28 日。那天上午、下午，分别由双方首席代表签署了《中英关于香港档案移交的纪要》和《关于香港政府资产和负债交接安排问题的会议纪要》两份协议。签署的地点还是旧英童学校——坚尼地道 28 号。这天天气晴朗，日暖风恬，双方代表和工作人员各自穿过张灯结彩、喜气洋洋的六街三市，轻松登上扶摇直上的自动滚梯，步入谈判楼。“岂伊地气暖，自有岁寒心。”虽然双方此时此刻的心境不一样，但彼此间都有点儿依依不舍和惺惺相惜。因此，双方人员的穿戴都不约而同地庄重、整洁，男士领带鲜艳，女士着装如同赴宴，会前的寒暄和会上的握手都比较“有温度”。对于其中的不少人，可能是最后一次踏入这栋见证了香港百年沧桑的小楼。两天后，大家不仅要告别一页即将翻过去的历史，也将告别这栋唯独 90 年代以来才在国家利益大背景下曾经充满争论、困惑和欣喜的小楼——中英谈判楼。90 年代，是这小楼“老当益壮”最精彩的年华。

回归前夕的香港社交场合，免不了“巧遇”记者

喜气洋洋的香港

全香港沉浸在喜气洋洋中，社会气氛激动高涨，地铁里、酒楼里、商店里，乃至写字楼里，人们谈论股市、楼市、马经，话题总要落在“回归”这件大事情上。数不清的社团、行会、单位的庆回归纪念品犹如万花齐放，有豪华名贵达上万元的，也有精巧简朴仅几元、几十元的，有吃穿用的、佩戴的、摆设的、收藏的，真是琳琅满目，在680万同胞心里激起灿烂的火花。在爱国爱港的的士工会策划下，几乎全香港所有的出租汽车前挡风玻璃两侧，都竖起了小小的鲜艳的国旗和区旗，成百上千辆出租车在大街小巷来回奔驰，车前的两面小红旗猎猎飘扬，成为香港新一景。照理这是煞了英方“体面撤退”的风景，但当局也无人无心去管它。全香港的犯罪率天天清零。这是历史的潮流，人心之所向。

喜迎回归

北京和内地各省市来的客人非常多，几乎各个部门、各个地方都有大员过境来，参加各种各样的庆祝回归活动，协调、衔接方方面面的两地联系，到处都是熟悉的普通话的声音。在一些大型的社交场合，不仅内地来的嘉宾说普通话，本地的主人也力争说几句，表面谦虚、内心得意地在开场白里夹杂带着广东腔的声明很时髦："对不起，我的普通话'很普通'……"此话一出，博得一片鼓励的掌声和笑声。一个时期来，商界政界的"大佬"们纷纷在家、在办公室聘请教普通话的老师，连大名鼎鼎、能在世界商场呼起风唤起雨的"打工皇帝"霍建宁也特地请了一位北京来的普通话老师；据说特区候任终审法院大法官为了能在 7 月 1 日就职仪式上念好誓词，直到 6 月 30 日上午还在他的普通话老师辅导下一字一句反复地练。一些香港朋友、团体招待内地来的要员常邀我作陪，那时我在两地媒体上的曝光率比较高，好像能产生点"明星效应"。

6 月 29 日下午，我作为中央政府代表团的成员，从香港到深圳去集合报到，翌日下午随代表团集体乘大巴从皇岗口岸进入香港，入住会展中心旁边的新世界海景酒店。从 6 月 30 日下午起，香港下起了瓢泼大雨，汽车挡风玻璃的雨刷拨到最高一挡来回刷，前方的能见度最

喜迎回归

多也不过10米。我在香港那么长时间，从没有见过这么大的雨，我觉得这是老天流下的洗涤中国近代史第一个国耻的泪水，这泪水一直流到7月1日，“香港明天更好”烟花晚会开始前骤然收停。

我在酒店的29层房间居高临下，透过落地玻璃幕墙，俯瞰维多利亚海港在大雨中惟余莽莽，玻璃上的雨水如同从天上泼泻下来，一拨拨往下流，好像为玻璃再贴上了一层水帘。脚下左侧，紧挨着港湾的会展中心新翼和旧翼都灯火辉煌，像一只伸张开银色巨翅的鲲鹏，即将腾空飞起。7月1日零时前后，那里要举行两个庄严隆重的仪式：首先是中英两国政府香港政权交接仪式，接着是中国香港特别行政区成立暨特区政府宣誓就职仪式。

因为两个仪式都要到接近半夜才开始，我且留在酒店房间里专心收看电视直播节目。许多电视台都在直播英国政府的露天告别仪式，滂沱大雨中所有参与者浑身都被浇淋湿透，但仍不失庄严。查尔斯王子和彭定康手上的稿子被淋得一团糟，很难听清他们说的是些什么。我看到彭定康的脸上有水往下流，不知是雨水还是眼泪，也不知他是真的伤感还是在想着别的什么，但无论如何，他在《东方与西方：彭定康治港经验》代序末尾是这样写的："故事终于在一个燠热潮湿的夜晚，在香港灯火如织的港湾边画上了一个永远的休止符……""香港是大不列颠帝国真正终结的地方。"而我此刻想到的是中国经典小说《红楼梦》里的两句话："忽喇喇似大厦倾，昏惨惨似灯将尽。"香港，被外国人殖民统治的时代永远结束了。

末代港督其人

在香港政权即将易手的最后时刻，我还想花点笔墨来说说所见所闻的末代港督彭定康其人。在香港回归的整个后过渡期，彭定康的主要形象和实际作用是个搅局者，或许对于英国历史来说评价也是如此。1992 年 10 月，彭定康在公布了他的政改方案后才傲慢地动身北上，企图以他背信弃义造成的事实施压中方接受。老天有眼，彭定康首访北京的 48 小时里，趣闻真不少。他抵达的当晚，鲁平主任请他吃饭，在餐桌上他最关心的是翌日哪个国家领导人接见他。直到宴请结束，赞美了酒店的瑞士冰激凌后他还一再打听，鲁平的答复是反正会有一位见你的。

第二天，彭定康坐着英国大使馆那辆古典的劳斯莱斯车进入钓鱼台国宾馆，不巧一进大门车胎突然爆了，他只好迎着寒风，擤着鼻涕步行到 18 号楼。那晚，在英国使馆的大使宴会上发生的悲喜剧，就不能不说又是一个"意外"了。英国式的宴会，一道道菜和汤不是由服务生送到每位客人面前的，而是端着一大盘走到每个人身后，请客人自己根据需要从大盘里舀一点。整场宴会过程中，彭定康却不顾礼节起身跑出跑进，忙着对付守在门外的记者们，因为下午他与鲁平谈崩后被训斥，又得知将接见他的是钱其琛，他质疑钱外长资格，我们正告说，外长由国务委员兼任，国务委员就是国家领导人。钱外长当着众多记者的面没与他握手，并且给他戴了顶"三违反"的帽子，即违反《中英联合声明》、违反与基本法相衔接、违反中英两国已经达成的协议和谅解。所有这些都成为了中外传媒的焦点新闻，彭定康很紧张，想降点温。他从外面跑进餐厅时，跟一位端餐末甜点的服务生撞了个满怀，西装上一下子喷了很多奶油，在场的中国人、英国人都哈哈笑起来。我看到彭定康的面部表情数秒钟内从愠怒急转为干笑，对餐桌两旁的人们说："哎哎，我给你们讲个故事。当过英国副外相的杰弗里·豪有一天去吃饭，与一位端热汤的服务生撞了一个正着，烫得他直跳……"他边说边抖动自己涂上奶油的肥胖身躯连跳几下。观看彭定康绘声绘色的表演，我顿时觉得这人厉害，为了摆脱尴尬，竟拿自己的老上司来取笑，同时也证明这人脑袋瓜还真够用。

英国的"老中国通"们对彭定康很失望。年近九十的资深英国上议院议员萧克·罗斯公爵曾专程飞来香港对周南社长表示："英国用了四百年时间才建立了议会民主制度，而且至今还保存了一个非普选产生的上议院。相比之下，香港的'民主进程'已经是超速度的了。如果还要加快，那对香港的未来一点好处也没有了。"前几任港督以及英国外交部的高官，甚至新加坡李光耀资政都对末代港督违背中英已经达成的协议和谅解肆意妄为提出公开批评，但是彭定康有首相做靠山，毫不在乎，反讥这些前辈是"中国的啦啦队员"。有一次我出席香港总商会的活动，一位与我邻座的英商副主席这样评说港督："在他心里，第一是自己彭定康，第二还是彭定康，第三还是彭定康，第四也许是英国保守党，第五是英国，第八或者第九才是香港……"再联想到不久前报载彭定康的宠物爱犬在港督府失踪，他发动里里外外地毯式地搜找，弄得全香港满城风雨；以及港岛某夜遭暴雨山洪袭击，西环观龙楼护土墙倒塌，年届古稀的新华社香港分社周南社长当即撑着伞涉水前往察看，彭定康却比周社长迟到好几个小时，不是他早先不知道，而是他正搂着美女跳舞，直至下半夜尽兴，才前呼后拥地去灾区"慰问”、拍照。一副极端虚伪、自私自利的政客嘴脸昭然若揭。

历史转捩的时刻

1997 年 6 月 30 日子夜至 7 月 1 日凌晨，北京天安门广场上，十万民众聚集在中国政府对香港恢复行使主权的倒计时牌前，当时钟指向零点时，一片欢呼声直冲苍穹，广场沸腾了。而与此同时，在香港新扩建的会展中心，中英两国政府香港政权交接仪式上，五星红旗迎风升起，高高飘扬。会场外风雨交加的维多利亚港海面上，所有大小船只都鸣响了汽笛；香港、九龙、新界市民们在倾盆大雨中敲锣打鼓，欢迎中国人民解放军海陆空部队雄赳赳气昂昂开进。

在中英两国政府香港政权交接仪式的会场上，我昂首肃立，目不转睛地盯着英国国旗徐徐降下，然后凝望着五星红旗冉冉升起，心中

交接香港

同时奏响了神圣的国歌，迎来了几代人前赴后继155年奋斗、期盼的时刻。在这一刻，我竟找不到“热泪盈眶”“激情澎湃”的那种狂喜感觉，只默默对自己说：“不辱使命，我做到了！”

交接仪式结束后，我在激动的人流中，摩肩接踵地从会展中心新翼五层向七层移动，中华人民共和国香港特别行政区成立暨特区政府宣誓就职仪式将于凌晨1时30分在那儿举行。现在无论是我脚下踏步的每一寸土地，还是整个1100平方公里的香港地区都已经属于中国中央人民政府管治了。根据1990年4月4日颁布的中华人民共和国主席令第26号，《中华人民共和国香港特别行政区基本法》已经从零时第1秒起在全中国——当然包括全香港地区生效实施了。

七层宽广的会场内外充满欢声笑语，数千港澳台侨同胞以及中外受邀政要济济一堂。不少在电视新闻里见过我的侨胞纷纷邀我合影留念，有来自美国的、英国的、加拿大的、南非的……看着他们夫妇成双成对，甚至合家在会场上欢乐的样子，我的脑海里浮现出了另一张年轻的面孔，他是我的兼职秘书，一个很聪明、沉稳的年轻人。在谈判十分胶着的1996年，有一天，他突然向我请假，说要回北京几天。他迎着我不解的目光，平静地解释说：“我要回去离婚。您放心，三天后就回来。”我吃了一惊，他天天在我身边工作，这么大的事竟未见一点端倪。他的太太是北京一家外企职员，英语很好，性格比较活泼，她来香港探亲时我还款待过他们。虽然长期分居，但回归指日可待，不至于离婚嘛。秘书摇头说：“不行了，她已经有人了，就是她的老板，一个老外。”后来我才知道，他经历了特别痛苦的过程，有一次竟和友人通了一晚上电话，但他白天在中代处同事们面前不露声色，默默吞下了这粒苦果。这是一种构成“民族良心”的高尚素质，通过自我克制实现整体利益的坚忍。我暗下决心，一定要帮他找到真爱，重筑爱巢。回归使命完成后，果真如愿以偿了。

我的港澳情怀：走过的路和思考
——在庆祝国务院港澳事务办公室成立 40 周年“让历史告诉未来”讲座上的讲话[①]

同志们：

大家好！很高兴回到办里，见到了许多久违的老同事，还见到了许多富有朝气的新面孔，应该都是近些年加入港澳工作队伍的新鲜血液。长江后浪推前浪，一浪更比一浪高。

40 年的改革开放是中国特色社会主义的伟大实践，波澜壮阔。港澳办是贯彻推进这一伟大实践丰富发展的一个重要执行机构，40 年来“一国两制”从伟大构想变为成功现实，今胜昔，慷而慨。

办党组要我和大家分享自己后半生走过的路和路上的一些思考。我汇报的题目是《我的港澳情怀：走过的路和思考》。

一、与港澳工作结下不解之缘

我的后半生与港澳工作结下了不解之缘，在港澳办二十多年后，又在全国政协港澳台侨委员会五年，接着又在全国港澳研究会三年多，迄今一年多相继完成了中央有关部门交办的一些任务。

---

① 原载于《我的港澳情怀：走过的路和思考》，中国文史出版社 2019 年版。

1987 年冬天，我踏进甘家口办机关大楼，接受面谈。李后副主任问我，你刚接待完两个台湾记者破天荒闯来大陆公开采访，有好几个可以选择的工作机会，为什么想来港澳办？我说：“早在小学历史课上就知道，近代史的第一个国耻是鸦片战争，现在离被割让的香港回归还有 10 年，如果我可以为此竭尽所能，参与雪洗国耻，那是莫大的光荣。”李主任没再问别的，点头说：“欢迎你来港澳办工作。”

我进办即在一司，专责香港基本法草委会秘书处工作。港澳办的两位主要领导鲁平和李后都是老革命，鲁平是上海圣约翰大学的地下党员，李后是八路军的知识分子，思想觉悟、政策水平都很高，我一入门就能在他们手把手的教导下研习“一国两制”方针，了解香港通盘实际，实在很幸运。司里还有徐泽、张荣顺二位同事，他们经验丰富，对我很有帮助。当时香港人会说普通话的很少，逼着我每天在宿舍里跟着录音磁带自学广东话。

二、香港基本法起草中的点点滴滴

这部庄严的全国性法律从起草到颁布的全过程，在我国乃至许多国家都是极少有或史无前例的。由全国人大常委会任命的草委会很具广泛代表性和包容性，受到香港社会各界的充分肯定和认可，这在上个世纪 80 年代中期可不容易。草委会的工作始终在中央的坚强领导下进行，严肃、缜密、民主。每一章、每一条、每一款甚至每一字、每一标点符号，都经过了草委们的深思熟虑，甚至几年的激烈讨论，最终所有条文和附件草案都以无记名投票方式，经三分之二以上多数表决通过，报请七届全国人大三次会议审议通过，由国家主席令颁布。

在秘书处工作期间，印象和感受最深的有两点。

第一，不折不扣地坚决执行中央指示。秘书处由李后、鲁平正、副秘书长召集，成员包括担任各专责小组内地组长的党内法律专家，如赫赫有名、被香港称为“四大护法”的邵天任、肖蔚云、吴建璠、许崇德等。大家经常在中南海姬鹏飞同志办公室、国务院招待所、远望楼开会，听取姬老传达小平同志和中央指示精神，研究草委会内外动态，按中央指示部署推进起草工作，分工各专责小组组长潜移默化地贯彻落实。

同时，起草工作也空前地公开，草案征求意见稿曾两次公开发表，广泛征求各部门、各省市区意见；在香港，更委托部分在港草委发起筹组了一个更广泛的基本法咨询委员会，德高望重的安子介先生担任会长，梁振英、邵善波是正副秘书长，咨委会向草委会提供了上千条修改意见建议，许多都被吸收采纳。整个起草过程，我办领导既准确把握“一国两制”的根本遵循，又十分尊重法律专家们的高见，甚至关护他们的衣食住行。像王叔文、吴建璠都是新中国成立后第一批赴苏联留学的法学大家，但物质生活条件很差，住在偏远的塔楼公寓，因公外出没有用车。当时我办用车也很紧张，只有两位秘书长配专车，我们工作人员都是蹭秘书长的车，坐在副驾驶座上的。但是无论如何，都会保证接送专家们的用车，专家们生活上甚至家里遇到了困难，秘书处也总是想方设法尽量帮助解决。

第二点深刻印象是邓小平同志对香港基本法的高度评价。1990 年 2 月 17 日上午，小平同志和中央领导人在人民大会堂接见刚结束了第九次全体会议的起草委员和工作人员。作为草委会秘书处负责人、秘书长的助手，我有幸参加了。小平同志在热烈的掌声中发表了振聋发聩的即席讲话。他说：“你们经过将近五年的辛勤劳动，写出了一部具有历史意义和国际意义的法律。说它具有历史意义，不只对过去、现在，而且包括将来；说国际意义，不只对第三世界，而且对全人类都具有长远意义。这是一个具有创造性的杰作。”

他刚开始讲，鲁平同志就示意我赶紧记下来。接见一结束，我从笔记本上撕下记录稿送请鲁主任审定，然后召集在场的中外记者，高声朗读，和他们一字一句核对，因为香港记者听普通话特别是四川口音比较吃力，万一出现一字之差，可能就差之万里。中午，我再把记录稿整理了一遍，斟酌了标点符号，经李后秘书长再次审定后送交新华社全文播发，这就是现在收入《邓小平文选》第三卷的小平同志关于香港问题的最后一次公开讲话，是一篇重要的历史文献。

三、舌尖上的主权——只为香港回归

我再跟大家分享一下中英联合联络小组的情况。中英联合联络小组（Sino-British Joint Liaison Group）是根据《中英关于香港问题的联合声明》附件二规定设立的，是专门磋商涉及香港后过渡期跨越1997年事务的临时外交机构。附件二里有一个非常重要的词“磋商”，中英双方一直因文本的遣词争论不休，英文本用的是“consultation”，中文翻译当然是“咨询”，所以中方坚持“磋商”应理解为“discussion”，这关系到话语权是虚还是实。每逢谈判，如新机场建设、财政预算案编制等跨九七的议题，我总要先与英方打这一仗，双方都拿出《中英联合声明》文本，时间和国家实力增长对中方有利，越接近1997年我方赢得越顺利、爽快。

中英联合联络小组受外交部、港澳办双重领导，常驻代表和工作人员由这两部办派出。因为是外交机构，所以由外交部牵头；因为全是香港事务，所以除国际组织、法律适应化、交接仪式外，其余各领域政权交接事务都由港澳办牵头。在联合联络小组中方代表处，港澳办出身的外交官与外交部科第出身的外交官待人接物的方式不尽相同，却相得益彰。

接下来讲一个故事。1997 年 6 月的香港，到处充满迎回归的热烈气氛。中代处里也喜气洋溢，有关政权交接的方方面面都已与英方达成了协议，干戈化为玉帛。

6 月 16 日中午，我突然接到北京电话，是直接从钱副总理办公室里打来的。指示我立即带领防务与治安专家小组，与英方开谈中国人民解放军先头部队提前进入香港问题。因为 7 月 1 日零时，中英两国首脑将在全世界瞩目下进行香港政权交接，应邀前来的各国政要和名流也都云集于此，容不得半点防务疏漏。但是要让中方在零时的第一分钟起履行守卫香港特区的职责，必须有一支部队提前进驻布防。

16 日当晚，协助我的专家们从北京、广州、深圳几乎同时到达香港，主要来自总参谋部、广州军区和深圳驻港部队基地，还有外交部和港澳办。我们被关进屏蔽的会议室，通宵达旦研究预案。从此整整五天五夜，白天唇焦口燥谈判，夜里开会、发电报汇报请示，专家组同志们个个废寝忘食，都斗志昂扬地挺过来了。至今好几位已经升为将军、当了大使，退休了，聚在一起时还会津津乐道当年谈判的一些精彩细节。当然，那时北京的两部（外交部、总参谋部）一办（国港办）首长、战友们更加辛苦，他们白天得关注前方战况，晚上特别是下半夜收到我们的急电后还要忙着研究，起草批复、来回跑签。

英方的考虑显然是维护最后管治期内的所谓“体面撤退”，对荷枪实弹的解放军先头部队提前进驻全力抵制。这个问题已经在中英两国多个外交层面纠缠了一个多月，现在北京却指示必须快，一星期内谈妥，主谈责任落到了以我为前方代表的港澳办身上。

英方代表包雅伦也已从高层领命，商定 17 日上午就开谈。我首先将先头部队提前进港的议题分为人数、路线、军营、时间和装备五个方面向英方介绍，不出所料，一开始就遇到强烈抵制。谈了三天，我从高方案打到中方案、若干底线方案，仍然没有拿到最需要的东西。

英方拒绝先头部队开进港岛，不愿意在最后几小时里有中国军人在繁华市区和交接仪式场地附近亮相。包雅伦特别强调不能进入英军总部威尔斯亲王大厦；我则特别强调英军总部最接近举行交接仪式的会展中心，如果解放军不进驻，零点履行防务责任的效果就大打折扣了。

第四天中午，中方专家组边吃饭边开内部碰头会，我决定改换战术，别好像老是有求于人，改用强硬姿态打造一个互求局面，让总参周振远大校下午一复会就“发炮”：请问，7 月 1 日零时以后，英军兵舰和舰上官兵如何离开中国领海、领空？如果没有中方合作，你们的“体面撤退”将前功尽弃！因为零点一过，中方可以礼貌相送，也可以在全世界媒体的注视下要求甲板上的枪炮一律套上炮衣枪衣，每个官兵及所带的武器、行李统统接受严格安全检查……周大校说的是实话，对英方而言是可怕的。但这一下午仍然不欢而散。

我和包雅伦走在双方代表团的最后，他轻声用英语试探问：“我们两个人再谈谈吧？”我俩就往回走，发现一间堆放杂物的小储藏室，三四平方米。两人同坐在一条长板凳上，没有灯光，没有助手和译员，没有录音记录，但能感知对方的存在和呼吸。包雅伦直截了当问我：“中方还能作哪些松动？”由于每天都和北京保持频繁联络，我略加思索后回答：“中方可以再做两个重要让步：第一，可以放弃开进位于九龙闹市区的枪会山军营，但港岛的英军总部和赤柱军营一定要进。第二，可以再调减先头部队的人数。”我用很诚恳的语气说：“前提是英方也必须持灵活态度！”我听见包雅伦吐了口气，拖长声调“嗯哼——”一声。我相信，中方的两个松动能够为僵持带来亮光。

果然，21 日的气氛骤变，双方迅速就军营问题达成一致，先头部队开进石岗、昂船洲、威尔斯亲王大厦和赤柱军营。在先头部队人数上，北京指示的底线是 500。我想无论数列是有限或无限的，9 是数目字中量最大的，一咬牙说：“509 人——这是中方所能作的最大让步了。”这时，杨建华参赞——杨大校给我递了张字条，提出一个聪明建议，零点会展中心举行两国关于香港政权交接仪式，可以同步在威尔斯亲王大厦也安排两军的防务交接，有迎有送，都有尊严。我当即请他发言，英方代表团成员听后交头接耳了一阵，包雅伦就让助手接过中方的“509 布防方案”，说立刻上报伦敦。

由此，全世界才在电视屏幕上看到 6 月 30 日子夜在威尔斯亲王大厦解放军接管英军总部的一幕：23 时 53 分，一位身材魁梧的解放军中校与一位英军中校各率本国卫队，相向立正，互行持枪礼。英方先敬礼报告：“威尔斯亲王军营现在准备完毕，请你接收，祝你和你的同事们好运，顺利上岗。长官，请允许我让威尔斯亲王军营卫队下岗。”中方声若洪钟回复道：“我代表中国人民解放军驻香港部队接管军营，你们可以下岗，我们上岗。祝你们一路平安。”随即两名中国士兵肩扛步枪，迈着正步走向营房大门……

防务交接仪式达成意向后，双方在余下问题上也很快达成了共识。中方承诺先头部队不乘敞篷卡车，而改乘大客车或中型客车进入香港，只携带自动步枪、机枪等轻武器，军旗也不会露出车外；英方则同意解放军提前进港的时间不能早于当天 21 时。

1997 年 7 月 1 日零点，当五星红旗在中英交接典礼会场上飘扬的同一时刻，中国人民解放军也在中国香港特区从南到北的防务岗位上，迎着洗刷历史耻辱的暴风骤雨，担负起神圣的责任。

2012 年“七一”前夕，凤凰卫视采访我，问的最后一个问题是：“在这么多年的外交谈判中，您有怎样的感悟和体会？”我说，常常想到的、指引我的有两句话：一句是孙中山先生的“弱国无外交”。每次谈判，我觉得有强大祖国、13 亿人民做后盾，以致连英方代表都对媒体这样说，陈某人的谈判风格是“强硬但讲道理”。第二句话是 1994 年 3 月赴香港任职前，老领导，先后担任过国务委员兼外交部长、港澳办主任的姬鹏飞同志对我说的话：“记住，外交是妥协的产物，政治也是妥协的产物。”作为一名外交官，必须置国家利益高于一切，在国家利益得到维护的前提下，适当满足对方的一些关注，是为了谋取国家更大更长远的利益。谈判结果是不可能一边倒的，假如是可以一边倒，何须谈判呢？解放军先头部队提前进驻谈判成功的因素很多，周大校的一打和杨参赞的一拉是给力的两招。其实，社会上人际的事，很少不是妥协的产物。

尽管只是实现民族夙愿，完成历史伟大工程里最后一程的一分支中的一小分子，本人乃三生有幸。

那时作为大后方的港澳办对外上承天听、下接地气，通联八方，内部团结紧张严肃活泼，整个儿就是中央实施香港回归伟大工程的总参谋部，昼夜紧张运转，天天有向中央报送的汇报请示包括具体建议方案。一旦中央做出决策，立即统筹有关部门、地方来领会研究实施。虽然办里也有人和人、司处之间一些常见矛盾，但个个敢作为、肯担当，只要有了任务，不分你我，司处长可以对外独当一面，也可以当配角，都一样奋勇争先。鲁平主任是全办上下的榜样，1994 年他在一次出差前去北京医院查体，发现消化道有恶性肿瘤，权威专家要他留院立刻切除，可是他以大任为重，依然远渡重洋，直到回国交代完办里工作才住进医院，做完手术，就把病房变成了办公室。放疗和化疗对身体损伤很大，他头发没长齐又上了火线，于是有记者拍到了鲁主任戴一顶法式贝雷帽、面庞清瘦的照片。他是不分昼夜舍命去站最后一班岗的呀！

四、为香港繁荣稳定全力以赴

去年 7 月 1 日上午，习近平总书记在庆祝香港回归祖国 20 周年大会上发表重要讲话说：“回首香港特别行政区的成长历程，我们可以自豪地说，20 年来，香港依托祖国、面向世界、益以新创，不断塑造自己的现代化风貌，‘一国两制’在香港的实践取得了举世公认的成功。”习总书记的上述高度概括论述，我在自己过去的工作中深有体会。回归后 21 年，无论从国家层面、香港层面，还是国际层面都已经证明，全面准确地贯彻落实“一国两制”方针和基本法取得了举世公认的成功。

我喜欢说，我国的南部有一个新加坡，它周边有两个大国，使它觉得虎视眈眈，所以非常羡慕香港，说香港背靠祖国，那么大的腹地，经济上有很好发展，遇到困难还能遮风挡雨。我国的北部有一个俄罗斯，俄罗斯非常羡慕中国，因为中国有香港，700 万市民很爱国爱港爱乡，不断对国家、家乡的改革开放提供资金和经验，当国家遇到困难时，同胞们慷慨解囊。回归后，香港成功抵御了亚洲金融风暴、“非典”疫情、国际金融危机等一系列冲击，一直被认为是全球最自由开放、最具竞争力的经济体和最具发展活力的地区之一。香港之所以能保持繁荣稳定，与中央政府的大力支持密不可分。这方面的故事太多了，简单回忆一下救援香港新机场货运瘫痪的事。

1998 年上半年，香港新机场建设大功告成。在好大喜功的政务司长陈方安生指挥下，7 月 2 日一夜之间就从启德转场赤鱲角，创造了“奇迹”。可是 7 月 7 日仓促上阵的货运电脑系统和机械设备出现严重故障，号称世界第一的货运空港陷入了瘫痪，每天损失高达 18 亿港元，报纸甚至刊出“救救机场，救救香港”的醒目广告。13 日，特首董建华向国务院港澳办发函，第一次开口请求中央政府支援，希望允许有需要的航空公司借用深圳黄田机场（现更名为宝安机场），帮助香港维持重要的货运服务。

国务院港澳办当日下午即提出建议上报。14 日上午正好国务院有会，钱其琛副总理直接将呈文送到朱镕基总理面前，朱总理马上作出要全力支持香港解困的重要批示。下午 2 点钟，港澳办召开国务院各有关部门会议，在廖晖主任主持下不到两小时就形成了一套相当完整的支援方案。遵照廖主任指示，会后我立刻和董特首通话，请他让特区政府有关各局负责人明早 10 点到深圳会商，随即我就带着与会各部门代表从办公室赶往首都机场，搭乘最后一个飞广州的航班转道深圳，通宵达旦与广东省、深圳市政府以及民航、海关、公安、交通、检疫等相关部门负责人研究落实方案；第二天上午 10 点过了还不见特区来人，我几乎每五分钟问一次在口岸的深圳外办边境联络官，10 点半左右联络官来电话说特区政府官员团到口岸了，但是仓促匆忙中有两个人没带证件，怎么办？我记得钱副总理有指示"特事特办"，就说没证件也放进来，由他们领队叶树堃局长担保，团进团出——那么多北京、省市官员在迎宾馆等候着呢。

当天的统筹深港航空货运分流协调会开得很成功，高效率。经过一系列特殊安排，五天后就可以给来往香港的所有国际货运航班提供起降深圳黄田机场的最大最廉价便利，例如确保经黄田机场转运的货物可以在 40 分钟内免检通关到达香港或由香港直达黄田机场装上货机；200 名武警换上装卸工服，确保所有货物万无一失；机组人员和维修人员可以携带行李和工具设备自由行走两地等。所有安排让董特首和特区官员们喜出望外。中央政府及时雨般的关怀支援，大大提升了香港和国际社会的信心。

"非典"期间，广东、北京好几个地方都是缺医少药的重灾区，但是香港来了一纸医药物资清单，中央立刻指示港澳办照单全收，牵头发改委、财政部、卫生部、药监局一星期内采购和制作完毕，无偿支援香港。于是财政部动用外汇；药监局去各国市场搜罗扫货；卫生部从没有"非典"的省调集了 200 名护士，随时准备去香港医院一线顶岗；发改委组织了三家工厂赶制有别于内地款式的医护人员防护衣，但样品迟迟没送来，后来特首办告诉我，原来是物料处公务员抗命，说“你人道一点喔，北京是重灾区喔”，我只好找私人关系请飞北京的港龙航空朋友转送过来，这样延误两天后日夜奋战，装满了三卡车，如期完成了中央交办的任务。接着，又无偿支援了处于预防“非典”阶段的澳门。

几十年来，运输鲜活产品的三趟快车、东江水、天然气、日用百货供应从未间断；我国的航天员上天、奥运会运动员夺金，回来后庆功会都没来得及开就赶去港澳，和特区市民、学生见面、联欢。所有以上这些，在座有许多同志是和我一起亲历过、竭尽过全力的。

五、在全国政协和全国港澳研究会做了些事

我在办里工作 20 年后到了退休年龄，“知我罪我，其惟春秋”。离任后在全国政协工作 5 年，参政议政、建言献策，简单来说做了两件事。

第一件事，2011 年 8 月，我率全国政协港澳台侨委员会调研组就如何发挥各级港澳政协委员作用进行了近两年调研，完成了一份报告，由全国政协领导报送中共中央办公厅、国务院办公厅。时任中央港澳工作协调小组组长的国家副主席习近平同志非常重视，很快作出批示，从此“发挥‘双重积极作用’”成为 5000 多名各级港澳政协委员的行动指南。这一重要指示几经周折，最终被写进了十一届全国政协常委会的工作报告，十二、十三届政协俞正声、汪洋主席当选后都在首次讲话中把这一重要指示作为对政协工作和港澳委员的要求郑重提出来。

第二件事是揭批“港独”。2012 年“七一”下午，香港反对派在游行队伍里首次公开打出“港独”标语，舆论哗然；当年 9 月，我和鲁平同志首先发声回击。我在香港与 20 多个青年团体联合座谈时，对挥

舞殖民统治米字旗上街的行为表示痛心，认为“那面旗子应该放进历史博物馆，而不应该招摇过市”；10 月在人民网与网民对谈一小时里，再次呼吁要警惕和遏制“港独”势力像病菌一样迅速蔓延，引起了较大的反响。

2013 年底，在中央的信任、托付下，办里向斌、陈多等同志和我筹组全国港澳研究会，此时我已 70 岁，留存心间的是对“一国两制”成败、港澳繁荣稳定的牵挂。研究会三年来履行智库、发声、联谊三项职责，主要就做一件事，为进一步强化中央全面管治权保驾护航。以习近平同志为核心的党中央对研究会高度重视，成立时和首届届满时，中央领导同志都作有重要批示，除对我本人有嘉勉之外，还要求“对研究会的成绩要充分肯定，对取得的经验要认真总结”。

六、“一国两制”是史无前例的伟大事业，是中国的一个伟大创举，是中华民族为世界和平与发展作出的新贡献

可以说，我后半生走的每一步路都离不开学习、认识和践行“一国两制”。在中央和办党组领导指引下，方向对头，但也走了些弯路。

1997 年 7 月 1 日，中华人民共和国香港特别行政区成立，香港基本法在全国实施，“一国两制”终于从构想变成现实，中国特色社会主义的理论和实践从此增加了一个重要的组成部分——我们党不仅要领导全国人民坚持和发展社会主义国体，全面建成小康社会，还要保持港澳这一小块地方原有的资本主义制度长期不变，保持那里的长期繁荣稳定，共筑中国梦。这是过往任何国家执政的共产党都没有做过的事。21 年来的无数事实证明，“一国两制”是历史遗留的香港问题的最佳解决方案，也是香港回归后保持长期繁荣稳定的最佳制度安排，行得通，办得到，得人心。习总书记说，这是中国的一个伟大创举，是

中国为国际社会解决类似问题提供的一个新思路、新方案，是中华民族为世界和平与发展作出的新贡献，凝结了海纳百川、有容乃大的中国智慧。

在中国社会主义初级阶段的上百年、几百年里，“两制”在一个国家内和平共处、相互促进、长期并存，这是史无前例的。回归前夕，我和美国驻港副总领事史莱克交谈，他的论调和《时代》杂志一样，认为“一国两制”在香港实行不了。我告诉他，中国共产党人有放眼世界的远见和宽阔的胸怀，请他拭目以待；还反问他，美国能拿出一两个州实行资本主义以外的制度吗？他耸耸肩，承认做不到。两年后，他代表美国国务院出席澳门政权交接仪式，我们又见面，他认为“一国两制”确实在香港实行了。

“一国两制”是中国共产党对马克思主义国家学说的创新，取得了举世公认的成功；但是未想到由构想成为现实后，推进如此艰巨复杂，如此苦难辉煌。我对“一国两制”怀有必胜信心，学习习总书记去年视察香港系列讲话、十九大精神以及关于战略谋划、破解难题的指示要求，通过对个人以往实践的反思，提出三点“管见”，请同志们指正。

（一）要始终站在国家利益的高度，用国际国内两个大局的视野来把握港澳的地位和作用

把香港问题放在国际和国内两个大局中统筹谋划，是我党历代领袖经略香港的重要方法论，体现了高度成熟的政治智慧和开拓创新的实践方法，历史证明是完全正确的。习总书记教导我们“不忘初心”。“一国两制”的“初心”是什么？首先是为了实现和维护国家统一。习总书记要求我们始终准确把握“一国”和“两制”的关系。一国是根，根深才能叶茂；一国是本，本固才能枝荣。在中英谈判时期，我们旗帜鲜明地提出主权问题不容讨论。香港回归后，我们更要坚定维护国家主权、安全、发展利益。在具体实践中，本应该牢固树立一国意识，坚守一国原则，正确处理特别行政区和中央的关系；应该视任何危害国家主权安全、挑战中央权力和基本法权威、对内地进行渗透破坏的活动为对“一国两制”底线的触碰，绝不能允许。可是这些年来，香港触碰“一国两制”底线的事件还少吗？提起来伤心揪心，是天不时地不利人不和吗？是“敌人太强大太狡猾”吗？

30 年的港澳工作期间，香港媒体和社会曾经流传我的三句话：1995 年的“车毁人亡”、2014 年的“不能平起平坐”和 2015 年的“一些重要领域不去殖民化，反而去中国化”。其中三个“不能平起平坐”是我在港推广白皮书时对《南华早报》记者说的。第一，“一国”和“两制”不能平起平坐。第二，社会主义制度和资本主义制度不能平起平坐，被保留的港澳原有资本主义制度只能依附于中国特色社会主义国家主体才得以存在。第三，维护国家的主权、安全、发展利益和保持港澳的长期繁荣稳定也不能平起平坐，前者是国家头等大事，后者虽然与国家利益息息相关，但是局部大事。

（二）要依照宪法和基本法，牢牢掌控港澳局势发展的主导权，深化港澳治理体系和治理能力现代化改革

习总书记 2016 年在纪念建党 95 周年大会和岁末全国政协新年茶话会上、2017 年在“七一系列讲话”和党的十九大报告中都一再强调，要严格、始终依照宪法和基本法办事。习总书记指出，回归完成了香港宪制秩序的巨大转变，《中华人民共和国宪法》和《香港特别行政区基本法》，共同构成香港特别行政区的宪制基础。

我以为，严格依照宪法和基本法办事很重要的一条，就是要理直气壮、光明正大地确立中国共产党在香港的执政领导地位，决不能允许内外敌对势力把香港变为诋毁、否定共产党领导，颠覆中华人民共和国的基地。

从整部中国近现代史看，没有共产党就没有新中国；没有共产党就没有“一国两制”和港澳的回归。我多次向香港各种政治色彩的人讲述这个事实，没有人对香港宪制秩序发生巨大转变提出过异议。

1997 年以后，管治香港的主体责任——无论成功、平庸还是失利，都从此落在了中国共产党的肩上。所有港人都知道，驻港中联办、外交部公署、驻军，还有北京的港澳办、人大常委会基本法委等对港工作部门都是共产党领导的。新时代新征程要求对港澳工作以习近平新时代中国特色社会主义思想为指导，以光明正大的执政领导者姿态引领港澳局势发展，对港澳治理体系和治理能力进行适应践行“一国两制”的现代化改革。

我们现在就要具备自信和底气，把“亲中”“爱国”“共产党员”“共青团员”这些长期遭受歧视和打压的“原罪”抹掉，为那些对党和国家一片忠心却长期忍辱负重的爱国爱港同胞撑腰。应该以资本主义制度下行得通的方法，宣传共产党对中国历史和世界的贡献；运用党章条文，宣传“党在任何时候都把群众利益放在第一位，同群众同甘共苦”的宗旨，粉碎各种妖魔化共产党的阴谋诡计。任何身在香港特区的中国公民，都得遵守中国宪法和中国香港基本法，依法接受共产党的执政领导地位。我们要万分珍惜、呵护港澳同胞爱国爱港爱澳、拥护热爱中国共产党的感情。十九大“党代表通道”上，台湾籍代表公开亮相并发表心声，在大陆的台湾籍青年学生公开要求加入中国共产党，难道这不也是香港同胞多年来的心声吗？

我认为，反华反共并不是当今资本主义制度的固有元素，更不该是依附于中国特色社会主义国体的中国香港特区制度里的固有元素。十九大召开后，在新时代新思想指引下，港澳工作的新征程新目标究竟是什么？如何把握根本遵循，与新时代坚持和发展中国特色社会主义的总目标、总任务、总体布局、战略布局相衔接？

这里我想摘引一下香港作家屈颖妍 8 月 31 日的新鲜文章，她列举事实，焦虑地呼吁“一场场开学礼，一个个学生讲话，已在名正言顺宣扬分离主义了，这是当日在 FCC 破窗的结局，这是政府不作为的后果”。文章揭露了港大、教大学生会主席临开学前鼓吹“港独”，煽动新生要有“造反的勇气”。更令人发指的是，她引用的港大《学苑》杂志社论竟咬牙切齿叫嚣“中共高层应该为其恶行负上重大责任，杀之而后快为最理想做法”，这本杂志现在是“港独”的理论策源地，几年来多次出版播“独”专刊，甚至号召夺警察和驻港部队的枪来对抗广州军区 13 万解放军。说来痛心呀，一位老爱国者曾含泪告诉我，这本在全香港公开发行的杂志是上世纪 70 年代保钓运动时，他和其他几个同学在港大学生会创办的，“学苑”这刊名是他们起的，可是沿用至今，被糟蹋成了什么样子?!

（三）要认清“树欲静而风不止”的形势，坚定不移地进一步强化中央全面管治权

21 年来，特区政权建设相对薄弱造成的深层次问题正在逐步显现，既反映出社会发展的阶段性特点，更有其复杂的历史和社会根源。英方在撤退前化整为零政治部、修改放宽公安条例等法律，改变行之有效的行政主导。从港英当局过渡来的特区管治队伍中的大多数人是愿意继续为香港服务的，是恪守在国旗、区旗下宣誓时读出的誓言的，但由于历史和现实的原因，其中仍有部分人对于中国国情、“一国两制”方针、宪法和基本法知之并不多，对于香港已经重新纳入国家治理体系这一历史性的巨大转变还不十分清醒，应对艰难复杂局面的准备和制定政策的能力也有待提高。“一寸丹心惟报国”“为官避事平生耻”“上下同欲者胜”，这是习总书记去年 7 月 1 日在香港对特区政权要员们的训示，我想对我这老朽和各级港澳工作者也同样具有深刻的教育意义。

人们比较注意香港的自由港特色，欣赏它是一座国际经济中心城市，却往往忽视它也是一座国际间谍中心城市。从辛亥革命到一二次国内革命战争、抗日战争、解放战争以至于新中国成立后，各国各地的间谍几乎都喜欢扎堆此地，搜集、交换、买卖情报，策反、暗杀、颠覆，搞新闻出版搞网站。斯诺登逃离美国第一站选择香港是有道理的，维基解密揭露的许多资料可以充分佐证。

美英驻港澳总领事馆，是两国在海外数一数二的最大领事馆。美总领事馆与驻北京大使馆的级别相同，人数甚至超过使馆，还要扩编。英国撤离香港之前，曾给5万名经审定符合对其“忠诚且将来具有重要性”两个条件的政府官员，司法、教育、传媒、工商各界精英和他们的家属共约22.5万人，秘密颁发了随时可以领取英国国民护照的密码，终身有效。

无论是政权建设还是争取人心这两项重要的基础工作，都不是立竿见影的政绩工程，种树的人不一定能乘到凉；但如果不重视种树，后人猴年马月能够乘凉呢？必须牢牢抓紧管根本管长远的政权建设，抓紧争取人心的工作主线。大家都要有这个紧迫感。

我身居斗室，脱离一线实际的时间比较长，以上絮絮叨叨说了走过的路上的三点“管见”，即要在国际国内两个大局中把握港澳的地位和作用，牢牢掌控港澳局势发展的主导权，深化治理体系治理能力现代化改革，以及进一步强化中央全面管治权。请同志们批评指正。

党的十九大指出，实现中华民族伟大复兴这一伟大梦想，必须进行伟大斗争、必须建设伟大工程、必须推进伟大事业，其中包括前无古人的“一国两制”事业。在以习近平同志为核心的党中央领导下，在习近平新时代中国特色社会主义思想指引下，未来30年国家、港澳特区发展的方向已经确立，前程已经指明，方略已经部署，对于全党港澳工作者来说，现在最需要的是与以习近平同志为核心的党中央保持高度一致，以及在认真总结经验基础上的勇于担当与作为。

一个时代的进步，总是以重大实践基础上的理论创新为先导。今天的国务院港澳事务办公室，为在座各位同志提供了非常广阔的实践和理论创新空间，这是一个充满挑战的国家级乃至世界级的重大课题，是新时代一片能够大有作为的天地。

我祝福各位、拜托各位了！

小白花记
——丙辰清明天安门前的回忆[1]

整整一天，我端详着桌上的一朵小白花。它的纸质花瓣上已经没有了两年半前的泪痕，恬静地依偎在《天安门诗抄》的照片插页上。

自从我从一位老战士和一位少先队员手里接过了它，就再没和它分离过。无论是在那不清不明的日子里，或是在追悼周总理逝世一周年、两周年的盛大祭典上，它都紧紧地贴着我胸膛。它是一朵绽开在我心头的花。

丙辰清明节早晨，一场骤雨刚霁，铅灰色的云团又遮住了太阳。我再一次来到了雄伟的天安门前。世界上最大的首都广场，被无数花圈、花篮、挽联和诗传单密密麻麻地覆盖着，还有诗传单边上挂着的注射用青霉素粉剂“小瓶”……几十万人头在广场上攒动着，远处人民英雄纪念碑周围抬花圈、抄诗词的人简直像在“白茫茫”的雾海中浮游；近处东西两侧升起来的气球飘悬着能使热血沸腾的大标语：“怀念总理”“革命到底”……氛围气场比昨天更新，更庄严。

四面八方的人流、花流、诗流还在不断地朝这里涌来，都是冲破了层层阻力而来的。我摩肩接踵地徜徉在花海诗山中，和许多素不相

---

① 写于 1978 年 11 月，原载于《新苗芳草绿荫与大竹岚》，作家出版社 2010 年版。

识的人结成了战友，一同高声朗诵郁积了多年却说不出、说不好的墙头佳句；一同把咬破手指挥写血书的英雄举起来，为他欢呼，为他鼓掌；一同学唱越唱越泣不成声的怀念新歌，一遍又一遍，一句又一句，一字又一字……我把这些历史场面摄入了照相机的镜头后，终于拖着不舍的步履离开广场。

心里总觉得自己在人民英雄纪念碑前还欠缺做点什么。我没有机会像北京当地组织起来的群众那样，合编一个精美的花圈或者花篮；也没有一位外地出差干部那样的聪明，事先带来三只瓷碟，一碟盛水，一碟盛土，另一碟供上果品，献在台阶上；甚至自己连做一朵小纸花的本领都没有。

我边走边沉思着，接近长安街时，一辆黑色的红旗牌轿车在我面前不声不响地停下来。车上首先跳下一个小男孩，有八九岁，料峭的春寒里竟穿着单薄的白衬衫、蓝裤子，火苗似的红领巾挂在胸前，红领巾上端正地别一朵小白花。他一手把定车门，一手扶出一位老人，红帽徽，绿军装，两鬓银发和胸前的小白花显得格外耀眼。他佝偻着身子，让男孩搀扶着。

我的目光追随着这爷孙俩。他们并不径直走入广场，而是绕着广场的边缘，指指点点，缓缓前行，就像站在海岸上把汪洋大海收入眼底。渐渐地，老人的腰板挺直起来，头也抬高了，检阅部队似的迈大了步子；少先队员紧跟在后，雄赳赳气昂昂。终于，他俩就消没在白花花的人流中了。

弟弟从西单赶来，他把自行车和其他几辆并排靠在一起扶住，我和几个同行陌路人立刻爬上去，站在车杠、车座或车后架上，居高临下，选到了更开阔的拍摄视野。“同志，为了悼念周总理，请帮我按一下快门!”“同志，也替我的机子留一张!” 二〇二的、一三五的、一二七的，各式各样的照相机一只接一只地从下面递到我们手里。这是我成为记者以来接受的一项异常光荣的任务。

等我兴奋、满意地从自行车后架上跳下来，巧，迎面又遇见了爷孙俩。

小男孩那双水润明亮的眼睛眨了眨，拉住爷爷的衣角问：“爷爷，你为什么不带照相机呢？”

老人瞥了瞥我的照相机，转头苦笑答道：“你不知道我是怎样从医院里出来的吗？”

我凑上前问：“你们是想在这里留个影？我给你们拍一张吧！”

“好，就给我们在广场上拍一张吧！”老人拉着孙儿往一个摆在方砖地上的大花圈旁挪了挪位，目光聚向一个很远的地方。我很快对好焦距，拍摄完成。

当我送他们上汽车时，才想起问：“我怎么把照片寄给你们呢？”

“不用寄。这对你不利，对我们也未必好。”老人满脸的皱纹舒展了一下，又紧蹙起来。他压低了声调，沉静地对我说：“我知道，你是为记录历史留资料。可是你刚才在自行车后架上待得太久了，附近有便衣……”

“叔叔，再见！”懂事的小男孩同我握了握手，虎生生的眼睛又在我身上打了一转，挺认真地问道：“您是从南方来的吧？”接着，迅速地把红领巾上的小白花摘下来，插在我的照相机的皮壳缝里……

从此，这朵质朴、洁净的小白花盛开在我的心中……

卢沟桥纪行[①]

从北京佟麟阁路去卢沟桥，约二十公里。临近七七事变 50 周年的日子，记者驱车奔向这座名扬中外八百年的大桥，不是怀古，不是想数桥栏上四百六十几只石狮子，而是去追寻整整半个世纪前那一响震撼民族心灵的正义枪声。

1937 年 7 月 7 日深夜，日本侵略军偷偷蹚过永定河，又向处在包围中的北平唯一门户、卢沟桥畔的宛平县城发起武装挑衅，驻防的第二十九军二一九团忍无可忍，终于打响了坚决反击的第一枪，揭开了中国全面抗日战争的序幕。这就是“七七卢沟桥事变”。

当年炮火连天的战场在哪里？从南苑到丰台，直至宛平城下，但见肥沃的原野上小麦伏垄黄、烟囱入云端。宛平建城于明崇祯十一年，现在县制虽不复存在，但嵌着日寇子弹和炮弹片的城墙依然屹立。城墙内，是一个 19 公顷的繁华新镇——绿槐连荫的宽敞街道，多彩齐整的高低楼宇，汽车、摩托车、马车、自行车如水似龙。记者看见一群居民围着新上市的花卉盆景笑论短长，讨价还价。许多企事业单位都以“卢沟桥”命名：卢沟桥第一小学校、卢沟桥第二服装厂、卢沟桥

① 写于 1987 年 6 月，原载于《新苗芳草绿荫与大竹岚》，作家出版社 2010 年版。

卢沟桥和远处的宛平城

冷饮食品厂、卢沟桥劳保商店、卢沟桥储蓄所……

在顺治门和威严门的城楼上，刚刚添红描金的圆柱和飞檐散发着油漆香。而在这东西两城门间的大街北侧，一座正立面宽达 100 米、进深 50 米、总建筑面积一万多平方米的宏伟大厦拔地而起。它就是即将于 7 月 7 日向国内外观众开放的中国第一座以现代化陈列方式、形象生动地再现卢沟桥抗战壮烈场面以及反映抗日战争全貌的纪念中心——邓小平亲题馆名的“中国人民抗日战争纪念馆”。它的第一期工程包括了序厅，东、西展厅，环廊，综合楼和视野 180 度，配有音响、灯光、实物、模型以及变幻屏幕的半景画厅。

从纪念馆迈步卢沟桥，穿过西城门洞只需三四百米。这座长 266 米的大桥也赶在七七事变 50 周年前夕修旧如旧，恢复了古朴而坚毅的风采。几年前在桥两旁加宽的人行栈道已经拆去，桥面铺的柏油也铲除干净，一块块大青石板重新贴紧了卢沟桥人的脚步，桥下水已涸，青草覆盖的黄土沟底有几台汽车起重机在工作。桥北，另一座连接京津的铁路桥上，不时有列车风驰电掣般地通过；桥南，新架设的京石公路桥上，穿梭往来的车辆没有一分钟中断。这两座现代交通的纽带拥护着、告慰着古老的卢沟桥。

桥的东头，有一方清朝皇帝乾隆御笔石碑“卢沟晓月”。乾隆竖碑时不曾想到，在他身后二百年，这里会爆发一场卫国保家的浴血鏖战，中华儿女的大刀队一连三周使骄横的东洋强虏魂飞胆丧；而在孤城无援、子弟兵挥泪撤离后，这里又沿卢沟挖了一道长三丈、宽深各一丈的埋人坑，不知多少抗日先烈和无辜百姓被刀砍枪杀，葬身于此。

记者在“卢沟晓月”碑前徜徉，见一位颓发老翁蹒跚走来。他当年29岁，在桥头卖麻绳；现年79岁，仍天天来桥上走走看看。这位七七事变的目击者蒋大爷说，那时候从宛平城外望城里，白天浓烟翻滚，夜晚一片火光。他的家原有11间房，日寇炮弹落下，顿时毁了10间。更惨的是东关街任大嘴老汉，早晨去井台打水，被炸得血肉模糊。日军进了城，把所有小伙子扒去上衣捆起来，押到“卢沟晓月”附近下跪，让老人们去认领，若无人领则视为战俘，一律枪毙，推入埋人坑。城内街有个饲骆驼的李老太，躲在城墙洞内实在憋闷不住，刚一露头就被日本兵打死了……

谁说岁月不能凝固？历史分明刻在桥碑上、城墙上，刻在中国人民的记忆中。

辑四

从掌纹中走出来

万绿丛中万里行[①]

终身——人的一生的最大时间极限。25岁，正值青春期，却早已立下大志：他要在苍茫无际的绿色植物世界中刻苦学习，不懈探索。

“少年见青春，万物皆明媚。”1978年，当中国科学院决定破格选拔李振宇为植物研究所研究生的消息传到崇山峻岭的闽西北时，建宁县上下沸腾了，刚从粉碎“四人帮”的喜悦中稍事平静的山民们再次奔走相告，热情地谈论着青山深处竟出了个“研究生”的奇迹，关心着他的前途，愿意从他的理想和实践中得到启发和鼓舞。

“他是谁？就是福州来的小‘植物迷’吗？”

“他坚持科研十多年了，走过绿野征途一万里。”

“他真的采集过六千多号植物标本，填补了我国植物典籍的缺漏？”

……

是的，李振宇从小就是一名不平凡的探索者。他出生在福州市郊的一个普通家庭。幼年就喜欢在田间、山野里游玩，兴致勃勃，充满好奇心。上小学前，已能从十几种野果中辨别哪些可吃、哪些有毒；

---

① 写于1978年11月，原载于《福建文艺创作60年选·报告文学》，海峡文艺出版社2009年版。

走出青山 40 年后
的李振宇研究员

上小学后，在自家后院栽了二百多种草木，勤灌溉，细观察，简直爱草如命。

事情过去十多年，福州市新华书店的老营业员还记得，“文化大革命”前有一个个子不够柜台高的少先队员，常来翻看植物学的图书，但很少有钱买书。西湖公园和八一苗圃的老园丁也还记得，那时每逢星期天，总有一个“红领巾”在花草树木间东张西望，徘徊不去。

13 岁那年，他进了福州第十九中学。一年级的新生，居然能够讲述一些植物分类学的基础理论知识，独立采集和制作一些有意义的标本了。但就在这时，爆发了“文化大革命”，不久，他便到建宁山区去插队。武夷山下，南望就是清流、宁化，都是当年风卷红旗的去处。在那路隘、林深、苔滑的地方，他似一粒埋入沃土的种子，迅速生根、发芽、成长起来了。

1967 年 4 月 1 日傍晚，建宁县正北方三十五里的横口生产队

火红的云霞层层叠叠，高挂西天。四环山色，一片夕照。从省会福州来的首批知识青年跋涉了一整天，终于也在一座结构别致的用杉树皮铺顶的新屋里安下了家。村子里炊烟袅袅，正为他们准备着第一餐派饭……

忽然，一声声急促的叫喊自远而近，只见老农丁大爷在泥泞道上迅跑，招呼着乡亲们赶快上山找人——有一个新来的小知青失踪啦。周围气氛顿时紧张起来，大伙儿纷纷点起松明火把，用手掌围着嘴唇，边走边呼唤。这种亲切的呼唤，在奇形怪状的群山剪影里，传来了雄浑有力的回声："李——振——宇！"

丁大爷连续盘问了几个苦着脸的知青："你们什么时候不见他的？"

"下午。一撂下行李，他就上山去了。"

"当真上山去的？找什么呢？"

"你们不知道，"对他有所了解的同伴插嘴说，"他是个迷透了植物研究的'植物迷'呀！"

"哎呀！归里（我们）山里有熊、豹、豺、狼。碰上就没命啦……"山民们七嘴八舌，越谈心情越紧张了。

正在这时，一个眼尖的姑娘，发现东边山脚根晃来一条人影，忙指着喊："瞧，是不是那个叫'植物迷'的回来了？"

丁大爷领大家迎上前去，深深地舒出一口气。欢跃的松明火把吱吱直响，村里人好奇地端详着一张疲惫而不失稚气的脸：浓密的黑发，剑一样的眉毛，嘴唇边已经长出淡淡的胡子，那对惹人喜欢的乌亮的眼睛里，有歉意，也有天真的笑意，可是，又渐渐露出了惊慌。李振宇不知所措地解释道："我，从来没见过这么大的森林，走进去了，就想多看看。天黑得快，迷路……"

"嗯，没吓着吧？"丁大爷未加批评，关切地问道。

小伙子连连摇头，眼神的疑虑、不安一下子变成了感激。他握住老农的手："我在林子里找到了一条泉水，顺着它滑过几个山坡，终究走了出来。老远听见你们的叫声，看见你们的火把，实在高兴！"

丁大爷不禁笑了，重重拍了拍他的肩膀说："嗯，是一只鹰啊！"

李振宇也笑了。他已经按捺不住心中的喜悦，从口袋里掏出了一株青草，高高兴兴又小心翼翼地捧给大家看：“这是茅膏菜，会吃虫子。我在福州的时候种过，还喂苍蝇给它吃呢。我们中国有几十种捕虫植物，全世界有450多种！”

借着火光，人们争看奇怪的茅膏菜，它长着半月形的叶梢，叶面盖着密密一层腺毛，分泌出来的黏液能捉住停留在上面的小虫子。

“啊，‘植物迷’名不虚传哩！”

“嘿，这个福州来的知青倒是找对了安家的地方！”

人们乐观、无拘束的说笑声不时哄起，飞过山村，飞得很远。

1975年3月2日以及一个月后的一个星期五，饶山

这时的李振宇，已经不会迷路了。八年来，他经常穿越茂密的灌木林，翻越迷蒙的大山，在湍急的溪涧中涉水前进。他不是行吟诗人，但在茫茫绿野的探索中，心里常常充满了诗意和激情。古人说：“十步之内，必有芳草。”他相信：前方，正要攀越的山路上，新的标本一定会探出头来招手……

海拔1853米的饶山，是武夷山脉南端第一峰。南北两坡地形复杂，山上山下温差悬殊，长满了北温带的各种野生植物。李振宇简直把它当成童年时自家后院的那块“宝地”。

他调离农村，到县农械厂当铸造工不久，就向饶山进发了。这时，关于福建省野生黄连的分类地位和生物学特征的学术问题，正苦恼着他。以往的许多植物资料都认为福建野生黄连属于正种；但近年来邻省接连报告说，它们的野生黄连都属于短萼。明确黄连的分类地位，对提取它的药用成分是很有意义的。要知道，一克黄连碱溶化在25万倍的水里，还能使水的味道苦涩无比呢。

星期天的清晨。满路山樱花、石崖兀、青苔润，饶山敞开胸怀，迎接远道而来的青年探索者。走石板路上山吗？不行，黄连是常用药

材，长在路边的，早被采走了，只有到人迹罕至的野林幽谷中去寻找。

白云苍山，朝寒瑟瑟。密林里到处是青枝翠蔓。可以看到许多书本里曾经见过面的老相识：高大的合抱粗的是柳杉，本地人误会了，叫它水杉或红杉，拉丁语学名叫 Cryptomeria fortunei；哈，这是交让木，本地名叫虎皮楠，拉丁语叫 Daphniphyllum glaucescens；它们都属于常绿乔木……他踽踽独行，翻阅着脑子里的"活字典"，一一查对、复习。一步一个脚印，一步一个高度，从海拔 400 米的山麓爬上 1600 米的高地，眼看阔叶林渐渐被针叶林代替了，却还没有发现一株黄连。

蓦地，树枝噼啪作响，几只野兔箭也似的从他眼前跳过。接着一声怪嗥，蹿出一只老狼，绿莹莹的小眼，龇牙的大嘴。尽管李振宇随时有所准备，还是吓了一跳。他闪身躲到一棵大树背后，迅速地把几束标本、标本夹、记录本、图纸、放大镜塞进绣着姓名的挎包，挂到树杈上——野兽是不问人的价值都要吃的，万一牺牲了，这个挎包总会被后人发现，可能有用处。狼倒也惊住了，眨着眼，盘算着如何躲过小伙子手里的那把柴刀。忽然一道寒光舞向前来，老狼慌了，夹起尾巴扭头就逃。

李振宇剑眉飞扬，抹去额角上沁出的几滴汗，露出了胜利的微笑。

山里气候说变就变，一声响雷，冷风从林子里吹出团团雾珠，云阵凝聚山头，要下大雨了。李振宇跑向几丈外的一块赭红色的巨石，石下掩着一条冷水沟。他跳进沟里避雨。忽然，他高兴地发出一声喊："好啊，可找到你了！"扑下半个身，仔细拨开了黑土上的一丛直刺变豆菜，伏到了一株高六寸、长着两根花葶的植物上，不错，这是野生黄连！只是四五个花蕊都含苞待放，还不能进行全面的观察、鉴定。但他仍然独自嚷道："找到了你，不怕你长腿跑！一个月后我再来……"

一个月后，他再次登上野兽出没的海拔 1600 米的大山。在冷水沟旁，果然看到了盛开的淡黄色小花。他轻轻弯下身去，手指头有些打战，心跳得很快，把萼片量了量：长度都在 6.5 毫米至 7 毫米之间，是属于短萼。他详细地记下各种特征、条件，环顾四周，眉头一皱，又从地理分布上作出初步判断：福建的野生黄连也可能是短萼变种！他像以往获得了新发现一样，连蹦带跳，下了铙山，连夜给中国科学院植物研究所写信，请求证实。

首都的专家们仔细研究了标本和报告，证实了青年探索者的判断，表扬他有勇气，又一次为植物学研究作出了贡献。

1976 年 9 月 12 日凌晨至深夜，从宿舍到铙山南麓大瀑布

桌上的小台钟，埋在大小不一的笔记本和图纸堆里，悄悄走过了零点。同房的伙伴已有节奏地打着呼噜；窗外的虫声唧唧，平日，这正是全神贯注攻读的大好时光。日积月累，李振宇啃掉了比自己的身长还要高的一大摞书典；写下了几十万字的学习笔记；还描画了几百张的标本图。他把画图当作脑力劳动的休息交替。留在图上的千万根精细的钢笔线条，要用上放大镜，才能分清楚究竟是植物的棉毛，或是毯毛、星状毛、丁字状毛、刚伏毛、绢状毛，以及毛的侧面、毛的分叉，等等。

可是李振宇今天不行了，几天来流得过多的泪水使得眼睛发酸。四周越安静，就越觉得哀痛、心烦、气闷。他把一本新到的生物学报某页折了个角，推到一边。铺开白纸，想给寄赠这本杂志的何老教授复信。有消息传来：这位全国知名的学者日子也很不好过，挨了批，而且生着病……是啊，年老的有经验的教授们、科学家们正在受难。社会上的妖风一阵猛似一阵，什么“自然科学有阶级性”啦，什么“遗传工程学就是反动血统论”啦，什么“分子结构理论是合二而一论的变种”啦，连达尔文、爱因斯坦这些对人类进步作出了宝贵贡献的大科学家都被扣上了“反动权威”的黑帽子。于是，那个交“白卷”

的人更红、更狂妄了，那些不读书、叫嚷“对着干”的人要闯进学校、研究所去干什么呢?!他提笔沉吟了一会儿，不由得又搁下笔，愤愤不平地绕室而行，似乎看见了千里之外教授们的惨淡面容。

现在，“白专”的帽子也像只乌鸦似的在自己头上盘旋起来。李振宇的思绪继续翻滚着：连走路喜欢东张西望也成了罪名。然而正是这一习惯，才使他在工厂附近的草径里找到了《福建植物志》上还没有的柔弱黄芩和五棱杆飘拂草，这应该是值得高兴的发现。那些自称“文革派”“儿童团出身”的人却嘲笑、诽谤。难道我真成了“摇头摆脑的神经病”？是“癞蛤蟆想吃天鹅肉”？科学家如果不入迷，就很难发现什么吧？李振宇更激动了：中国植物分类学的水平是那样落后，难道今后还能让深藏在绿色宝库里的新品种由外国人来采集、命名，再搬进莫斯科、伦敦的博物馆吗?

成群的蚊子嗡嗡哼哼，围攻过来，纠缠不休。他照例穿起了长衣、长裤、长袜，宁可憋得浑身大汗，也不让吸走千分之一CC的鲜血，这是决不喂养“吸血虫”的大是大非问题。他坐下来，重新抽出远方的来信，一个苍老的声音在耳畔响起：“你在业余时间能够如此深入地钻研，很难得！如果各地多有像李先生这样爱好和搜集植物标本的青年，我国植物学尤其分类学方面的科研必将飞跃发展……望继续努力自学，一定成功!”

李振宇热血奔涌。他是接受师长们祝愿的，能够理解“一定成功”的含义。应该告诉教授，他对于刚去世的老一辈无产阶级革命家们的悼念，正在化为勇往直前的力量。

写完信，他偏头望了一眼被书本、标本和替换衣服垒成的“盆地”——床铺，轻拂长袖，走向窗前。仲秋刚过的月亮洒下了熠熠银辉，那条熟悉的山路，又像飘带似的从天边落到眼前，似在浮动、在召唤！是刻不容缓采集果实的季节了。李振宇振作了一下，拨开纸堆，看看桌上的小台钟，意识到又一个星期天的黎明即将来临。

这一天，他把起床后的一小时外语自习提前在拂晓前完成，匆匆喝了一大碗粥，带上两个馒头，就向铙山挺进。他绕过一条山涧，由南麓深入大山腹部，走的是陌生路。流水呜咽，岩峰肃立，行行重行行，打死了九条拦路的毒蛇。这一天，他抓住老藤，在咆哮翻腾、深不可测的大水潭上空不倦地登攀，终于又让舞花姜、紫果猕猴桃等填补了植物志的空白。

1978 年 4 月的一天，早晨八九点钟，离敬爱的周恩来旧居几步远的建宁县革委会招待所

“祝贺你！ 11 年来，你在这里坚持学习，勇敢实践，不辞艰难，取得了可喜的成绩。请谈谈，在主科植物分类学方面，读过哪些图书？”

“读过外国的恩格勒—第尔斯系统和赫经生系统著作，本国的《中国高等植物图鉴》，还有一些大学讲义、专题论著，100 多本。”

“在基础理论方面，也读了不少书吧？”

“不多。除了恩格斯的《自然辩证法》、毛主席的《实践论》和《矛盾论》，就是关于形态学、解剖学、生物学、生态学、遗传学、细胞学方面的书籍。还不系统，更没有深入钻研。”

“掌握了工具学科外语吗？”

“一点点英语和拉丁语，都是自学的。唉，要是多上几年正规中学就好啦！”

“‘四人帮’横行时，基础理论都遭摧残，你打哪儿弄来了这些书？”

“是不容易的。我的工资除了吃饭、买邮票、买草纸制作标本外，全部都买了书。买不到就借来抄，整本整本地抄。有的书，是从废品收购站的麻袋里捡出来的。后来，有一些是北京、上海、西安、广西、福州、厦门……各地科研机构和专家们送的。”

“你收集了多少标本？”

“按种类计算，才6000多号。其中40多新种已被证实为福建省首次发现，或者是全国的缺漏。可是，还有1000多种植物藏在碧绿的闽山中，等待我们去发现啊……”①

以上是一场面试的片段。中国科学院遵照中共中央指示，破格选拔李振宇为研究生后，为了进一步确定培养方向，选择导师，又派出了两名科研人员，特邀了福建师大生物系的一位副主任，风尘仆仆地赶来建宁。

县招待所里，一张新漆的宽大的杉木桌上，放着李振宇向全国、全省科学大会的献礼：一本包罗161科1700多种的《建宁县种子植物初步名录》，这里凝聚着他从少年起勤学苦研的心血。另一端，放着我国目前最完整的植物大典《中国高等植物图鉴》，5630页，收录了8674种植物的概论。这部叫人望而生畏的典籍，已经基本上装进了青年探索者的脑海。你可以随便挑一片叶子或一朵花，甚至只要提一提某种植物的名称，他马上可以答出这一植物的形态、地理分布、生长环境、主要用途、隶属科目以及记载在《图鉴》的第几册第几页上。通过多次考查，成绩优异。只是相比之下，外语和基础理论两科的水平差了些，这是十多年来所处的特殊环境造成了他畸形的实践方面的单科突进的缺陷。

三位主考老师，都曾在植物科学的陡峭山路上长期登攀，在额上各自留下了几道光荣的刻痕。他们也接触过中外知名的植物分类学家。但是，只有此刻，听到了这个英姿焕发、朝气蓬勃的青年的汇报和答

---

① 当记者采写这篇报告文学时，有关科学研究部门作出最新结论，证实李振宇发现了100多种《福建植物志》上没有记载的新品种；其中一种虎耳草科植物，是全世界的首次发现，中国科学院将用“建宁”来命名它。

辩，才真正感到了前所未有的欣慰。

植物学是现代自然科学中的一门重要科学，种类繁多，形态复杂。研究它们的亲疏同异、自然进化系统，把它们分门别类地加以总结和应用，可不是轻而易举的事情。主考的前辈们端详着这位年轻人燃烧着青春火焰的乌亮的眼睛，想到这对眼睛曾在万绿丛中仔细地识别本草，在昏暗的灯光下孜孜地攻读，绘制了一张又一张图表，解剖了一个又一个标本，不约而同地在心里冒出一个问题：是什么力量促使这个原来只有初一文化程度、并没有受过专业训练的少年人，在并不太长的时间里，取得了这样的成绩？

三老一少，步出喜气洋洋的房间，来到正在修复的四十多年前红军领袖之一周恩来曾经下榻的旧居。这是一幢粉墙黛瓦的二层楼房。一树皎洁的雪梨花和一树浓艳的紫玉兰开得正欢。越过树梢，远眺云霞飘绕的锈山，格外雄伟、清新。他们轻轻地走前几步，眼前闪过几幅曾经发生在祖国大地上的惊心动魄的悲喜图景……无不百感交集，热泪盈眶。

40 余年后，这位学历为中学初一的下乡知青，已经是退而不休的中国科学院植物研究所北京植物园首席研究员，《植物分类学报》副主编，《中国植物志》特邀编审，国家濒危物种科学委员会委员。

武夷美玉[①]

石之美者为玉。人们传说武夷山麓有过一块无价美玉，蛇精蛇怪一触到它的光芒，无不惊悚待毙。现在，这块真璞的美玉果真又出现了，发出赫赫之光……

1974年9月的一天下午，福建省建阳地区某医院的外科急诊室里格外闷热，刺鼻的酒精味和脓血、腐肉气味浑然挥发。值班护士取走了最后一个血浆挂瓶，蛇伤患者周贤波经过两天的抢救，不但没有好转，反而呼吸短促，昏迷不醒了。他的女儿小周守候在一旁，失神地睁着汪汪泪眼，心如刀绞。医生嘱咐她："该准备后事了！"

忽然，从门口闯进来一个姑娘，红润润的鹅蛋脸上渗着汗珠，脑后甩着两条乌亮的辫子，眉眼间透出一股热情。她径直走向病床。

"你？"小周惊疑地站起身。

"我从黄坑来，公社接到了你们要求出诊的电话。"姑娘解释着，左颊显出一个浅浅的笑窝。她立刻认真观察患者的右腿：从脚趾到腹股沟，肿得比左腿粗一倍，发烫的黑紫色皮肤上布满水泡，足背上五步蛇的毒牙痕创面淌着脓血。

---

① 写于1979年4月，原载于《新苗芳草绿荫与大竹岚》，作家出版社2010年版。

“还可以抢救，快！”姑娘抬起头，话语果断有力，“时间要紧，既然这里没有办法了，就把你爸爸抬回家去治吧！”

姑娘急切地催促着。人们七手八脚，把周贤波抬过水东桥，来到童游镇的家里，已是夕阳落山了。姑娘赶忙煎完一服草药，又拿起墙上的马灯，到外面采“七寸金”去了。自此，她就暂住周家，日夜守护在患者的身旁……

一周以后，老周全家感激万分地送别了这位因为劳累而略露悴容的好蛇医。他们由衷地信服了，真是妙手回春啊，这位黄坑来的20岁姑娘真是白求恩式的好大夫！新闻一传十，十传百，传遍了建阳城……

她就是全国新长征突击手、福建省建阳县黄坑公社青年女蛇医温美玉。

黄坑乡在武夷山南麓。这里气候温湿，植被茂盛，是蛇类的天然王国——它们不但品种繁杂，而且数量多得吓人，占全省蛇类70%，占全国蛇类33%，仅五步蛇就有近百万条。世世代代，这里的人谈蛇色变。大人们甚至这样吓唬孩子：“呔！再不听话，无毛老虎就要来敲门了！”美玉上初中那年，蛇祸的不幸也降临到她家，妹妹被毒蛇咬伤了，从白天折腾到黑夜，家里人四处延医求药，花了一大笔钱，才保住性命。从那时起，美玉的心里就开始萌动一个强烈的愿望：“我要学会治蛇伤！”

1971年，一个被戴上“反动‘三家村’杂家”帽子的干部张震下放到黄坑公社鹅峰大队“劳动改造”。他虽然破帽遮颜，却借助祖传的医术为远近蛇伤患者治病，渐渐出了名。邻近公社、外县的危急病人都慕名而来。一天，张医生从山上采草药回来，走向自己的住所——一间房梁上长着白菇的破瓦房时，看见门前梨树下坐着一个扎蓝花围裙的小姑娘，身旁放着一挑行李。

“张老师！”小姑娘站起来，彬彬有礼地喊道。

张震一惊，简直不相信自己的耳朵。

“张老师！我是来向你学治蛇伤的，收下我吧！”小姑娘迎上前来，恳切地请求。

是的，张震很希望有一个助手，但现在可不是时候呀。他摇摇手说：“不敢叫‘老师’。我是什么身份，你不知道吗？”

“知道！你一心为黄坑人医病，医好了很多人的病。你是好人，我向你学！”

“好，好！”张医生被感动了。

从此，美玉在鹅峰医疗站向张老师学治蛇伤。她常年不拿一个工分，不拿一分伙食补贴钱。她每天清早起床，默背完几首《汤头歌诀》，采满一篮青草药，就摆开药罐，为病人们熬药。她眨着被烟火熏红的眼睛，跟随张老师去查房，细心地为蛇伤病人刮肉、挤脓、扎针。晚上，为了让张医生好好休息，她经常担任特别护理，顺便把煤油灯拨亮一点，读医书，写笔记……

学蛇医，最难过的一关是捉蛇。一天，张震带着美玉等人进山捉蛇。美玉手握一柄木叉走在前面，忽然在一条溪泉边收住了脚步。她闻到了五步蛇特有的腥气。她回头看看老师，老师正微笑颔首。于是她细眉微蹙，紧抿嘴唇，一步步向前搜索，果然发现在阴湿的岩石上，懒洋洋地盘着一条“龙头虎口”的五步蛇。说时迟，那时快，美玉的一连串动作像几道闪电：木叉夹住了三角形的蛇头，一只手捏住了蛇的颈部，随即把拼命挣扎的“无毛虎”掷入了铁笼子里。伙伴们不由得问：“你哪来这么大的胆呀？”她一笑一个浅浅的酒窝，反问道：“不捉几条来研究研究，怎么能治它？要是怕它咬，那还相信自己的蛇药不？”

自古蛇医不在行。跟张震学医的，先后有七八个人，虽然他们拿工分，但总嫌收入太少，工作艰苦，几乎都半途而废。只有温美玉留

武夷美玉——蛇医温美玉

在武夷山南麓一所破屋子里，不是没有招工、参军之类“跃龙门”的机会，而是因为黄坑有蛇祸，她要为人民除祸害。尽管她已经能够独立诊治了，但是得不到应有的承认，原因是老师有“政治问题”。在那“左”的错误盛行的年代，某些人认为：有“政治问题”的人怎么能教出社会主义的新生事物——赤脚医生来呢？美玉虽然不计较什么“新生事物”桂冠，但没有处方权又天天给人看病，一旦出了事故，就要被追究法律责任。周贤波父女根本不知道这勇敢的青年女蛇医担着这么大的风险呢。她是因为张老师到外县去出急诊未归，而抢救老周又刻不容缓，才毅然进城，并且果断地做了把病人抬出医院抢救的决定。

自从女蛇医温美玉出了名，各地来访的人就更多了。人民承认她的医术，甘心把生死攸关时的性命托付给她。在毒蛇“七（月）横八（月）吊九（月）缠树”的日子里，她的生活紧张得像一座嘀嗒不停的台钟，心都紧拴在络绎不绝的蛇伤病员身上。每年这一百天，美玉的俏脸就发黄、消瘦，下巴削尖。从 1974 年到 1979 年，她和朋友们一道接受了六百多例蛇伤病人，治愈率达百分之九十九以上。长见大队社员王新民去深山沟捉石鳞鱼，被缠在树上的青竹蛇咬了上唇，只有十来分钟，嘴巴就肿得像瓢一样大，眼睛睁不开，耳朵听不见，毒肿从脖子向下发展，皮下出现了紫血斑。美玉采取中西医结合的治疗方案，三天就使他脱离了险情。崇安县桐木伐木场工人林连官被银环蛇咬伤，神经中毒麻痹，全身抽搐，气促失明。美玉接手后，及时进行按摩、解毒治疗，24 小时就把他从死亡边缘上挽救过来。一个风雨大作的黑夜，麻沙公社送来了双脚被五步蛇咬伤的知识青年陈安福，腿肿得像小桶那样粗，内脏、五官、毛孔出血，又并发了急性黄疸型肝炎，六天六夜不省人事。在这六昼夜里，美玉毫无顾忌地守在床边为他治疗，有时站着站着，竟睡着了……小陈的蛇伤治好了，双腿保住了。后来，他考上了福建师范大学体育系，他和他的朋友们还满怀感激之情，为美玉构思了一部歌颂女蛇医的小说。美玉的医术没有停步，她在张老师指导下，结合药理学习和临床实践，先后研制出了建阳蛇药一号、建阳蛇药二号、复方三棵针液、武夷蛇药。大量试验证明，这些医治蛇伤的新药对于抗神经毒和血循毒、促使肌皮组织再生都具有良好的疗效。

中共十一届三中全会以后，张震、温美玉师徒扬眉吐气，获得了彻底解放，在黄坑办起了蛇伤防治研究所，他俩分别担任了正副所长，他们的攻关方向从总结几年来成功防治蛇伤，转而深入地调查研究蛇类资源及其综合利用的课题。蛇的一身都是宝，蛇肝、蛇肉、蛇胆、蛇油、蛇蜕、蛇皮、蛇粪便都是名贵的药材。当美玉充分了解了蛇的价值之后，着手了一项化害为利的杂交、驯养试验——把黑眉锦蛇与玉斑锦蛇杂交，或者把五步蛇与玉斑锦蛇杂交，创造出一种新的蛇种，外表美观，体型肥大，善于捕食害鼠而不伤人畜，肉质白嫩鲜美。研究所开辟了一个“蛇园”，使得武夷山下出现了第一批家养群蛇，从它们的嘴里提取比金子还贵重的蛇毒。

温美玉被评为全国新长征突击手，当选福建省五届人大常务委员。

她多次出席学术会议，发表了多篇理论联系实际的有科研价值的报告。美玉在荣誉面前更加谦虚谨慎了，仿佛有使不完的力量。一次在去福州出席省人大会议的火车上，她自告奋勇地为一位早产孕妇接生，手术顺利完成之后，不声不响地离开了。

1978 年 8 月 15 日，她正在团县委参加全委会议，所里突然打来电话：麻沙公社又送来一名危急病号，被五步蛇咬伤已十一天，高烧，脉浮，神志恍惚，希望她马上回所参加会诊。这样的患者，不但缺乏无菌操作条件的黄坑防治研究所没收过，就是在全国蛇伤医疗史上也很少有治愈的先例，但她不计名利得失，风驰电掣般地往回赶，刚跳下汽车，就闻到了浓烈的腐臭味，门口等着一辆接尸的大车，患者毛有根的老母正在号啕痛哭。

美玉紧走几步近前一看，毛有根脚背上的创口已经看不见了，小腿的皮肉严重腐烂，中毒变成黑色的骨头上爬着蛆虫……显然，这个奄奄一息的人身上还有严重的败血症。

美玉登上楼，公社领导、她的老师、中央新闻纪录电影制片厂来采访的记者、部队来见习协作的军医以及本所的医务人员都迎了过来，投来殷切、信赖的目光。公社党委书记主持了这次重要的会诊。美玉分析，对于这样严重的患者，最新的武夷蛇药和复方三棵针液效力都已不够了，必须另配新药并根据每天的病情变化作出加减。辣蓼，是一种漫山遍野都采得到的药草，书上说它味辛，性温或凉，群众则常拿它毒翻河里的鱼蛙。按一般医道，蛇伤属于火性，“火用火攻”，这种药草是断然不能加入的。但美玉认为加进辣蓼大有好处。她承担全部责任，慎重地提出来，说服了多数人。

又是一夜的特级护理。鸡啼时，她走出病房，在田里摘了两株滚动着露珠的辣蓼，走向张震医生的房间。

老师正在查阅医典，抬头望见手持草药的美玉，心中明白了八分：

“你决定自己先尝尝?”

“是的。”姑娘沉着地回答，浅浅一笑，然后倔强地抿紧了嘴。

二十天以后，奇迹出现了：在美玉用自己身体试用过的新药治疗和细心护理下，毛有根烧热退尽，神志清醒了，那条烂得只剩下骨头的腿长出了红嫩的肉芽。三个月后，毛有根康复出院，欢天喜地地骑着自行车，把青年女蛇医温美玉的崇高精神和先进事迹到处传扬……

看吧，在阳光下，武夷山下的美玉多么璀璨夺目。她将在新长征的道路上大放光芒。

世界冠军东渡前的周末[①]

窗幔外的夜色很浓，雨丝绵绵，乍暖还寒。我们一踏进郭跃华夫妇的客厅就觉得格外的明亮和温暖。这也许是满墙的奖章、奖杯、奖旗和纪念品在熠熠闪耀的缘故吧。

这天是世界冠军郭跃华东渡扶桑前，在福州家中的最后一个周末。此趟远行，将有半年之久，本该让他们小夫妻俩多聚聚的，但记者的采访欲，驱使我们“不失时机”却也“不识时务”地前来相扰了。

郭跃华坐在长沙发上同我们侃侃而谈。他的爱人沈雁则坐在一旁缝补一条男裤。我们从冠军在木棉树下度过的不平凡的童年，一直谈到他接连八次夺得世界金牌、四次当选为全国“十佳运动员”之一，谈到了他即将飞赴日本的使命。

“日本乒乓球协会和尼塔古公司通过中国体育服务公司，指名来聘请我。3 月初，我将到日本各地去，向青少年作巡回辅导，不定点，也不定人。”郭跃华介绍说，“我们的邻邦是一个乒乓球运动很普及的国家，曾经对我国有过不小的影响，可是由于种种原因，近年来的成绩并不理想。我要为增进两国运动员、教练员和协会之间的友谊尽一份

① 写于 1984 年 2 月，原载于《新苗芳草绿荫与大竹岚》，作家出版社 2010 年版。

世界乒乓球冠军郭跃华

力。”

世界冠军的目光停留在大立柜顶一尊加玻璃罩的日本打鼓仕女塑像上。那是他在东京获得第三十七届世界锦标赛男子单打冠军的奖品。仕女穿一件紫红色的和服，左手持鼓，右手微举，使人如闻咚咚的鼓音。

正当我们跟着主人的目光上下端视的时候，郭跃华忽然想起了什么，一跃而起，从抽屉里挑出一盘录音磁带来，装入落地式三用机，随即，行云流水般的钢琴协奏曲就飘散开来。

“沈雁，你听，这段行吗？”郭跃华认真地问。

身为体操教练的冠军夫人停下手中的针线，全神贯注地倾听了片刻，连连点头。她一甩秀发，解释道：“我正在为学生们编四套自由体操，每套动作都需要配上合适的音乐。跃华不但关心我的工作，而且熟悉音乐、旋律、节奏，总想在走之前再帮帮我……”

我们恍然大悟，为这段采访中的“插曲”喝彩，接着打趣地问郭跃华：“一去半载，舍得离开这个家吗？”

“当然舍不得，结婚刚三个月嘛。”郭跃华坦率地摇头道，“不过，运动员的生活总要服从事业的需要。”

郭跃华有些激动，在客厅里来回走了几步，把桌上一架用乒乓球和球拍来造型的电子钟握在掌心，继续说："想想吧，我已经挂拍了，可是这个月还被几十万人投票选为'最佳运动员'。我不能不时时感到肩头的责任呀！"

我们问体操教练："你对丈夫即将东渡传艺有何感想呢？"

沈雁几乎不假思索地说："今年春天我们家特别的忙，刚过了春节，就是跃华28岁生日，接着是元宵，现在又忙着整理他的行装。眼下，正是日本樱花开放的季节。跃华从小就是个到处惹人喜欢的'机灵鬼'，要说我的祝愿，就是一句话：平安地去，平安地回来！"

"平安地去，平安地回来！"跃华把爱妻的最后一句话接住，与她对视着，深情地重复了一遍。

电子钟上的分针已经不声不响地转了两圈半，该是告辞的时候了。当郭跃华把我们送到门口的时候，我们问他，出国前还有什么准备工作要做？他胸有成竹地说："一切都准备好了，包括一件重要的小事儿——临上飞机前在行李里装上一个针线包！"

从掌纹中走出来
——记新加坡诗人郭永秀[①]

6 月 5 日晚上 8 点 30 分，我从新加坡书城百胜楼赶回下榻的旅店，一出电梯门，就看见走廊上站着的他：刚步入中年，中等身材，戴黛色框形眼镜，走路的风度，甚至迎着我微笑的表情，都透露出沉静、俊逸的气质。

我们素昧平生，可是我在《厦门日报》上读过他的《九重葛》(新加坡名：三角梅)，能写出那样幽戚诗句的，正是面前如是形象。他也猜着我了，两手相握，一见如故。

房里座谈，每一分钟都在增进相互的了解，我一面浏览他惠赠的诗集《掌纹》，一面提一些问题，也回答他的偶尔发问。

郭永秀诗集，是新加坡唯一的现代诗团体五月诗社的“文丛”之八，不仅收入了他十余年来创作的七十首诗，还收入了十二首已在全国脍炙人口的歌曲。同时拨响了诗乐两弦，集诗人、作曲家、电子工程指导三种身份于一身，不可谓不是奇事，可是他说：“担任电子工程指导教师，是职业；日常用英语会话、书写，也不过是操作一种人生的工具；而我的全部爱好和事业是在文学和音乐，那里有通向根和源

① 写于 1986 年 7 月，原载于《新苗芳草绿荫与大竹岚》，作家出版社 2010 年版。

的精华。”

诗集的封面是一幅手掌的大特写照片。掌纹与生俱来，据说条条记载着人生的各种际遇。永秀先生自童年离开中国潮州的一个“稻田畦畦”的农村，南来星岛后，接二连三地遇到许多不该是那种年龄碰上的打击和挫折。他在与书同名的开卷首篇中写道：

他在这些不规则的图案中/慢慢读出/二十多载悠悠的岁月……/回首，每一道深深的痕迹/镌刻着一个淌血记忆/向前，每路痕迹的前端伸延着一个遥远的未知……

也就在这首诗的末段，永秀先生高亢地唱出人生的信念：

当他五指轻拢/捏碎所有梦魇的昨日/一种不屈的意念/突自紧握的掌中冉冉升起/升起，为一面迎风的旗……

在这面旗帜指引下，现在我们见到的郭君已经成为风华正茂的新加坡写作人协会会员、五月诗社副社长、写曲人学会理事及国家剧场华族舞蹈团乐队指挥了。

房间里的空气似乎有些凝固。他忽然建议：“我们出去看看星岛之夜，好吗？或许您还有兴趣到一个普通公民的家里走一走？”

我愉快地跟他上了车。他驾驶一辆蓝色的日产小轿车，引我游历了灯红酒绿的乌节路。那里夜生活的游客云集，一个白种小生戴着瓜皮帽和长辫假发套，穿着黑缎马褂和长袍，在露天咖啡园的舞台上高唱美国乡村流行歌曲。我们不约而同地摇摇头，有点哭笑不得，直到重新登车驰上西郊的高速公路时，心情才像两侧伫立的树林、组屋、别墅群落那样复归于平静。有关涉足文艺的许多心得又继续交流。

“写作，是艰苦的劳动。”我接上他平日鲜有逛街，而把几乎全部业余时间贡献给了文学和音乐的话题，颇有感触地说，“有一次，列夫·托尔斯泰说起写作劳动时，把‘艰苦的’三字重复了两遍。”

“但托翁说的只是劳动的一层体验，除此之外还有甘甜和慰藉。”永秀先生目不转睛地望着光柱照射的前方说，“我是在心情极度苦闷中爱上了能够抒发内心情感的写作——尤其是诗作。对我来说，它代表着一种理想，一种人生至真至善至美的境界。我渐渐了解到，诗的世界是多姿多彩的，可以很‘现代’地描写内心世界的变幻，也可以很‘现实’地反映外在世界的种种现象，再后来，我认识到诗不单是个人感情的发泄媒介，而且还有更多更广的表现意义和层面……”

郭永秀住在一个普通的公共组屋区里，五房一厅，一百多平方米，这是现今新加坡共和国百分之七十以上的公民标准待遇。家里只有他的太太一人——一位同他性格相仿的祖籍上海的中学教师。显然，她对我的深夜来访有一定准备，立刻从冰箱里端出了本岛特产亚麻籽，然后陪坐一旁听我们谈话，默默的，大方的。长期以来，她既是郭君作品的第一读者，又是指挥棒下的大提琴手，在家常帮助剪稿、贴稿，难怪郭君称她为“写作道路上一根巨大而无形的精神支柱”。

我参观了这个陈设可与我国宾馆媲美的幸福家庭，觉得好像还缺少一点什么。这时，永秀先生又邀我去西海岸一游，原来细心的太太发现我很欣赏热带水果，就向先生提示，西海岸有最大的水果市场，通宵兼营批零。

车未临海，一种特异的浓烈气味扑鼻而来。

“那是榴莲！热带水果之王上市了！不尝尝榴莲等于没来新加坡！”夫妇俩热情地鼓动道。遗憾的是不久前我已领教过这种大如椰子、皮呈粒状的水果，慑于“王威”(味)，不敢尝第二次了。他们倒也不太见怪，却忙着为我在市场上买回了一大袋菲律宾杧果、新西兰苹果和韩

1985年第一次出国——新加坡。摄于首都机场

国雪梨。

西海岸之夜灿若白昼。岸上如此，海上亦如此。海面上视线所及处，亮着一垣无尽无止的灯堤，那是夜泊的轮船首尾相衔，忙着装货和卸货。望着这世界第三大港的气势，听着脚下海浪拍岸的声响，蓦地勾起我对故乡厦门的思念，该回旅店歇息了。

分别前，我向郭永秀伉俪揭开了心里的问题："你们为什么不要个孩子？"

他俩相视一笑。永秀先生无奈地回答："职业、事业，已经占用了全部时间、精力，甚至金钱。要是真有个娃娃，我们会觉得不知怎么办才好的。"

"不过，会有的，在成功了的时候。"郭太太挽起先生的手，补充道。

多么感人的情怀！郭永秀先生，炎黄二帝在天之灵保佑你们！

辑五

大竹岚啊大竹岚

大竹岚啊大竹岚[①]

如果你向往祖国的名山大川，如果你热爱绿色的大自然，就请到闽北的大竹岚去吧！

在那翠竹留云的山岗上，有五棵经过第四纪冰川运动孑遗下来的水杉；在那雾岚缥缈的丹崖上，有一对千年相望的雌雄银杏。它们躯干高大、枝叶端庄、华盖如云。这些在许多国家里已经绝迹了的高等种子植物，被称为“活化石”；但在中国武夷山大竹岚的门口，却生意盎然地并排挺立着，飞扬着星星的白花，仿佛随时都要向来访者叙说沧海桑田的万古变迁呢。

大竹岚，千崖竞秀，万壑争流，到处鸟啼猿不见，花落树犹香。虽然出现人类文明至今不过万余年，但古老的处女林和原始生物群落却早在六亿年前，就在这块“华夏活化地台”上以众多的门、纲、目、科、属、种布置了一个莫大的生物博览院。武夷山从东南向西北的走向，挡住了太平洋吹来的海风，热空气上升，再上升，在地貌优越的南麓降下大量的雨水，造成了温暖、湿润的气候。于是，山上山下蓬蓬勃勃地长出了参天拿云的乔木、苍郁繁茂的灌木、浓翠逼人的草本、

① 原载于《人民日报》1981 年 2 月 11 日。

绿茵如毯的地被；于是，在这片得天独厚的深山密林里，集合了地球表面上六大动物地理分布区里的古北、东洋两大区系的飞禽走兽、游鱼鸣虫，猪熊、云豹、华南虎、狒狒、马鹿、蟾蜍、眼镜王蛇、四尾蜥蜴、红嘴相思鸟、白蝙蝠……以及不常为人们注意的光怪陆离的无数微生物。

山高，云浮，溪流，鸟兽的遨游，历历在目。林密，草浓，花艳，从早春起，这里就是开不败的鲜花世界。最早露面的是淡黄色的迎春花、粉红色的鸡心花，一朵朵，一丛丛，花团锦簇；紧跟着它们开放的是白色、紫色的杜鹃花，火一样的映山红一夜之间便烧得满山遍野红彤彤的；再经过二十几天，蓝色的花影迷离的蝴蝶花就跟着和煦的香风翩翩起舞了，而在此时，拖着两条尺许长彩尾的蛾蝶也开始了一年一度的互相追逐的嬉戏。蝶花、彩蝶，彩蝶、蝶花，成双成对地在大竹岚里飞舞，有时候真叫人分不清哪一对是植物、哪一对是动物。……到了夏天，走到幽深的山谷底下来，临着叮咚弹琴的泉水，你一定能闻到沁人心肺的清冽芳馨，找到著名的建兰。要是过了重阳，这条被草木映得墨绿墨绿的溪泉就会变样，变成腾跃的“金龙”：两岸

盛开的野菊花将把它映染得流金飞黄。

在这条或那条苔藓苍润的溪泉边，你把握了“研究亚洲两栖类动物的钥匙”。这里栖居着各种奇怪的蛙类，都是大自然千百万年来别出心裁的造物。有的从小就拖着两条瘫痪的后腿，只用强健的前腿蹦跳；有的头上生着两只、三只甚至四只角质的硬角——这是走遍五大洲只有在这儿才能见到的“角怪”。稀罕的活宝多着呢，瞧，一株木质坚硬的黄杨木翠蔓蒙络摇缀，忽然树上一根青藤荡悠，跳下来一只“小松鼠”，才饮了两口水，大概听见了你的脚步声，又纵到了对面的花榈木上。这灵巧的“松鼠”只有钢笔长短，大概出生不久吧？怎么没有蓬松的大尾巴？怎么脑袋、耳朵都是圆圆的呢？仔细端详，原来是只小小的小猴子。捉来一称，只有四两重。《武夷山志》里记载，古人曾把这类小猴养在书房里，教它蹲在笔筒上研墨助兴，因而它得了个“笔猴”的美名。

在大竹岚的连绵青山上，不但长满了粗壮的毛竹，而且遍布着名贵的香榧、楠木、榆木、铁杉。尽管猛兽随时可能出没，某个树洞里潜伏着百条毒蛇，但决不会减弱勇敢者继续探索的决心，因为与你同行的有著名的武夷山猎手和蛇医。你一定庆幸来到了“百草园”，竹叶人参、鸡爪黄连、天竺桂、独活……随便采吧，俯拾皆是。

你踏着大步，从飞泉茂树的山谷向峭拔凌云的黄冈山登攀，一路上饱览着形形色色的春季脱叶热带林、秋季脱叶温带林以及耐寒的针叶常绿林。当踏上了千米以上的峰巅，如盘的大红山茶花就争相扑入你的眼帘。它们一边开花一边结籽，“娘不离子，子不离娘”，花是凉血止血的良药，籽榨出的油可供食用和工业用，都是人类生活的好朋友。

大竹岚简直是个琳琅满目的鲜果大仓库。自夏入秋，山枇杷、山梨、山桃、山葡萄、山荔枝、酸枣、毛栗、南斑楂……碰上了季节，你准会撑着肚子出山的。还有那形状像皮球的新发现的特产——福建猕猴桃，一粒粒包裹在细细的茸毛中，初见了可别嫌弃它，剥了皮，

一咬就是一包甜蜜蜜的汁水，而且富有多种维生素，制果酱、酿酒，都是上好的原料。它的种子已经远渡重洋，在朝鲜、日本、澳大利亚发了芽。

深秋了，也许你正倚着一块赤黑斑驳的飞岩欣赏山果，蓦地，从一条折复绕山的峡谷里飘飞出一朵吱吱喳喳唱歌的“彩云”，越飘越近、越低，融进了一片盛开的花丛里。请别瞠目结舌，为这奇迹般的云彩诧异，那是一群纽扣大小的蜂鸟，有成千上万只，一边吸吮着花蜜，一边欢乐地啼鸣。

啊，在林中吐云、云中走林的山坳里来一顿尝鲜的野炊吧。除了容易猎取的蛇肉、野猪肉，只需到溪河畔的油桐树下，铺盖着苍苔碧藓、枯枝败叶的地带走一走，就可以获得最佳的佐菜——蘑菇、香蕈、松蕈、草菇，如果运气好，还能采到像猪耳朵大的黑木耳。不过要小心，别让那些色泽妖艳的毒蕈迷惑了眼睛……

横空出世、顶天立地、蔚蔚萧森的大竹岚啊，蕴藏着无数植物、动物和微生物新种，蕴藏着它们前世无数奥秘和未来预兆的大竹岚啊，实在是研究华夏、亚洲，乃至世界生物演变史的一个富饶基地。1979年7月，国务院把大竹岚划入了新建立的武夷山自然保护区中。

朋友，到大竹岚去，到祖国的又一个“西双版纳”去吧！

历险猎双熊[1]

苍郁繁茂的竹林，浓翠逼人的竹林。空气是绿的，光线是绿的，千万株水桶般粗的绿竹直耸绿色的云天，密密层层，根根相连……真是个名不虚传的绿色世界！

为了考察即将划定为自然保护区的大竹岚资源，我请猎手老李做向导，深入了这块宝地。这位大竹岚的主人鹤发童颜，虽已过了花甲年纪，却满面红光，脸上几乎找不到一条比较深的皱纹。据说，这是常吃虎骨膏、喝五步蛇酒的功效，他提着一杆长筒火铳，背着个鸽笼，穿林攀岭几十里山路不觉气喘。一路上，他不时弓下腰，观察一株株破土的春笋，眉开又眼笑，他是多么热爱大竹岚呀！

山林里静悄悄的，好像百鸟约好了午休似的，谁也不唱歌、不聊天。忽然，隐没在前方竹幕中的猎犬"汪汪"叫起来。老李警觉地直起身，一推歪戴在额头上的绿军帽，对我做个手势，就向前跑去了。我也紧张起来，忙把自己手中的那杆火铳上了膛，尽量不踩出声响地跟了上去——只见在一块小小的开阔地上，绿染的景色遭到了破坏，太阳像透明的瀑布从折断了腰的竹林上泻下来，照着满地的笋皮、竹

---

① 原载于《大竹岚啊大竹岚》，中国少年儿童出版社 1985 年版。

叶。一只棕黄色的鬈毛猎犬绕着圈子，蹦跳着，叫个不停。

“孽作！看把这片竹林糟践成什么样子！”老李气得直跺脚。竹子，是大竹岚的生命核心，这里的许许多多的动物、植物和微生物都是围绕着竹子的生存而生存的。为了使得大多数生命得以和谐、发展，有时候就不得不驱赶或者消灭一些破坏竹林的害兽。

这是什么害兽呢？它逃到哪里去了呢？老猎手皱着眉头，锐利的目光向上下左右扫视。他一步步把我拉到一条在竹林中只听得见淙淙声响而此刻才露面的溪泉边，指着一摊白花花的笋片说：“有门儿了，这儿还拉了一堆屎！”

我蹲下一看，那一大堆笋片好像拌在黏性很强的米汤里，中间还夹杂着一些树叶、鸟的羽毛。这动物吃进去的和拉出来的相差无几，消化功能可不强，所以它一定是大食、贪吃的了，因为只有吃得多，才能弥补消化差、吸收少的弱点。

老猎手轻捷地跳过溪泉，忽然趴在地上叫道：“是狗熊！喏，这儿还有一个脚印！”

说着，他伸出筋脉显露的大手，在一个比他的巴掌大一倍的泥土凹印里比了比长短、量了量深浅，一边端详着水润的土色，一边对我说：“狗熊也叫黑熊、月牙熊。这孽作在山洞里睡了一整个冬天，现在春天到了，见到什么就吃什么，花果、庄稼、小鸟、鸟蛋……都吃！这样嫩嫩的青笋更是它的‘八宝饭’啦！它的前脚和后脚都有五个趾头，走起路来足蹠着地，跟别的野兽都不一般。”

这时，猎犬跑过来左嗅右闻脚印。老李把火铳往腋下一夹，站起身拍了拍手上的土屑，笑道：“土色挺新鲜的，这孽作才走不远，大约三里地，有二百来斤重呢！”

说话的神情，仿佛一头大狗熊已经倒在他的枪口下了。我既钦佩，又紧张，紧握着手中的火铳。熊可是世界陆地上最大的食肉类动物，

岩上松下放眼量

它发起性子来，连狮子、老虎都要扭头逃走的。过去，我只在动物园里隔着铁栅栏见过，想不到，现在在大竹岚的深山密林里，在无遮无拦的地方，要和它遭遇了。

“小心，别叫火铳走了火！”老李眯起炯炯有神的眼睛，温和地瞪了我一眼，“出外打猎，一要防枪伤人，二要防人被枪伤，三要寻野兽的踪迹，四要辨东南西北。”

猎犬又纵到前面去了。我们沿着溪流一步一步往下走。无论是天上飞过的野鸡、鸢鹰，或是地上奔窜的豪猪、穿山甲，都引不起我们的兴趣，我们的心思都在追逐着那头破坏大竹岚的孽作。这是两山之间一条特别的峡谷，前后都是一望无际的流云翠嶂，两座青虚虚的峰尖直冲霄汉，而脚下却是峥嵘陡峻、黑巍巍的峭壁。

猎犬又“汪汪汪”叫了，声音比刚才更加急促、尖厉。

“到了！”老李振奋起来，奔到悬崖边缘，整了一整挎在身上的柴刀和硝袋，却把鸽笼递给我，严厉地命令道：“你守着，别下来！”

说罢，他从崖的左沿绕了下去。我俯首看，这峭壁少说也有六十度陡，长满了茅草，草丛间突兀着扁长的嶙峋怪石。突然，怪石间响起一声雷鸣般的吼叫："呜——啊！"鬈毛犬顿时畏畏缩缩地退到崖下七八米的溪边去，但仍然拖长了声调，惨惨凄凄地继续叫着。

熊在哪里呢？为什么又不作声了？我巴望马上找见它，又担心它突然出现在脚下的草丛最高处……

"砰！"声雄势壮的一声枪响，打破了我的疑团。在山谷的回响和呼应中，又传来了一声"呜——啊！"叫得惊天动地，我从来也没有听见过这样高声的厉吼，全身的汗毛都竖了起来。

崖壁上的草石堆里，滚下两团黑茸茸的东西，一大一小。猎犬立刻换了一种声调，兴高采烈地扑上去。可是它还来不及扑到跟前，那团小的黑东西就动弹起来。猎犬吓得惨叫着，掉头就逃，朝崖壁的右沿冲上来，往我这儿奔。

原来，悬崖上藏着两只熊。老李一枪打死了大的，另外一只比较小的凭着浑身的厚肉和厚皮也骨碌碌滚了下来。熊本来秉性孤独，不常聚在一起生活的。也许它们正在"谈恋爱"？也许那只小的还离不开母亲？除了这两种可能，熊都是单个儿活动的。此刻，那只小熊一见比它还小得多的猎犬，神气了，发怒了，晃动着肥胖的身躯追赶着，也朝我冲过来。"哈——啊！哈——啊！"它张牙舞爪嘶叫着。

这是个意外情况，我端起火铳向狗熊瞄准。它有一个又短又胖的脑袋，脑袋两边的毛特别长，鬈曲蓬松，仿佛烫过的模样，后腰比肩部还要高一点，肩部却是平的。我看清了它那颗短而宽的脑袋上一对迸射凶光的三角儿小眼睛，看清了那张龇着白晃晃尖牙的"血盆大口"。二十米，十五米，十米……我怕伤着猎犬，总也瞄不准。

这时刻，在这竹海幽谷中只有狗熊"呼哧呼哧"粗笨的喘息和它拨翻茅草、踢倒石头的声音。

“还等什么？开枪呀！”我蓦地听见老猎手洪钟般的喊叫。

我猛扣扳机，一股硝烟在眼前腾起。等定神看时，不好了，狗熊已经直立起来，前腿淌着暗红色的血，疯狂地直冲过来。它颈下那圈领带似的白毛完全暴露，真像挂在脖子上的一弯上旬新月，难怪它的名字又叫“月牙熊”。在这圈白毛下部靠左一点的地方，就是心脏部位，假如再向心脏补上一枪，就可以结束它的性命。但是要给并非现代化的武器——比鲁宾逊漂游海岛时用的那种火药枪还要落后的山区群众用的火铳再装一发子弹，得费挺大的劲儿：先得往长长的枪筒里灌进黑硝，然后放一层薄纸，用通条捅一捅，再放一些小砂粒，一层薄纸，再用通条捅一捅，然后再小心地放进作为子弹的香烟粗的一截铁芯……起码也要一两分钟，来不及了！

“快，从左边下来！”我又听到了洪钟般的命令。这时，我才想起了我的强有力的保护者。俯身一看，他已经从峭壁底下腾跃上来，昂起了蓬松的头颅，如振鬃奋吼的雄狮，鹤发银须在乌黑的石壁上显得格外鲜亮！

于是，我们形成了一条龙似的循环赛跑。我在最前面，沿着刚才老李下崖的路线往下跳，背后是猎犬，猎犬背后是受伤的狗熊，狗熊后面是循着它的路线紧追超赶的老猎手。

由于狗熊前腿负了伤，直立攀崖的动作更加笨拙，一摇三晃，可是口张得很大，不时发出“哈——啊！”的威胁，似乎非把我灭了方才罢休。

“砰！”枪又响了。我回头一看，那熊站定摆了摆大脑袋，像个沉重的麻布袋似的栽下崖去……

猎犬知道危机解除了，蹿到我的前面，欢叫起来，摇着尾巴。

我擦着额头的冷汗，按捺不住满腔的感激、庆幸。而老李的表情却平淡无奇，轻松地笑了笑，吐了口唾沫说：“总共三百来斤。嘿，想不到还挂了个五六十斤的零头货。这孽作每年春天交配，秋天下崽，一胎两三只。刚生出来的小熊崽不到一斤重，吃个半年奶，就能长到一二十斤。这头小的，恐怕才一岁多。晚上，高压锅煮熊掌，有你这秀才的口福了！”

“煮熊掌？太好了！”我高兴极了，“古时候把它和猩唇、驼峰摆在一起，称为最高级的山珍。听说不光味道鲜美，营养价值也很高，是吗？”

“嗯，熊掌可与别的兽爪不一样，肉特别厚实，洗刷干净放进锅里炖到一定时候，肉汤白花花的，又浓又稠，味道很好。听冬天见到熊的老前辈说，熊在山洞或者树洞里睡睡醒醒，几个月不吃东西，光舔脚掌过日子，从这就可以猜度它的营养价值了。”老猎人从腰带里拔出刚才夹皱了的旧军帽，拍打拍打，重新歪戴在头上。

我们挎上火铳，一齐来到一棵高大的银杏树下。老李伸臂蹬腿爬上高出竹林的树梢，用手掌搭起凉棚，向四周认定了方位，然后滑下树来告诉我，让我把方向、地点特征画在一张小纸条上，塞在一只鸽子的腿环里。我们把鸽子放了，让它飞回村里去报信，请乡亲们来帮我们抬这两只硕大的猎获物。

银杏树下是一片山草地。草很肥，花也很多。绿茵茵的青草密得像一片湖，风一吹来，草俯身低头，就露出了五颜六色、漂漂亮亮的野花。这儿的花可多啦，迎春花、鸡心花、杜鹃花、蝴蝶花……我们头枕着两块青石，躺在草地上休息，棕黄色的鬈毛犬也安静地伏在我俩中间。

刚才那场惊心动魄的历险仍使我激动不已。我不由得向老猎手侧过身去，问道:“老李，你还记得清吗？这两只熊是你枪下的第几只了？还有比今天更惊险的猎熊场面吗？”

老猎手又眯起眼睛，和蔼地瞪了我一眼，说:“要问打了几只熊，我可记不清了，但是第一次猎熊的事我是怎么也忘不了的……”

他说着，目光凝视着几群在草地花丛中采蜜的蜜蜂。仿佛正是这几群蜂，而不是我的问题，把他带向遥远的过去，带到了童年的回忆中：

“那时，我才十四五岁年纪，跟着我爹在大竹岚的一块山顶平地上给地主放牛。那块平地上也是草多花多，一年中，有三季开不败的野花。花多蜂也就多了，山上的野蜂都飞到这儿来采蜜。为了多挣几个钱还债，爹和我钉了三个木桶，从森林里引来了三窝岩蜂，在我们住的牛棚旁边，一棵大松树上，给它们‘安了家’。每年过了小阳春，茶花下了，我们就开始刮冬蜜，岩蜂酿的冬蜜雪白雪白的，像脂膏一样，虽然一窝只能刮上十来斤，但最是滋补，也是最值钱的东西了。

“不料，祸也就从这上头生出了。

“一天清早，太阳刚刚出山，白蒙蒙的烟雾铺在脚下。我照例比爹起得早，提着竹桶，想去汲点山泉水回来煮早饭。一推开柴门，我‘呀’地惊叫起来：大松树上的三个蜂窝木桶全被推到地上，砸烂了，蜜汁四处流，无家可归的岩蜂乱哄哄地在一个个六角形的蜂房里飞进飞出。

“爹听到我喊，就操起火铳冲出来。他定睛看看，指着草地说：‘看这花草叫孽作滚的！准是狗熊昨晚爬上了树，把蜂窝打翻，偷蜜吃。嘿，它见了蜜就不要命，准是一边吃，一边挨蜇了，用掌乱拂脑袋，在草地上翻来覆去地打滚。’

“爹一咬牙说：‘追！把那孽畜的皮剥下来赔我们的冬蜜！’

“冬蜜可是我家的活命钱。当然要赔啰！我摩拳擦掌，把昨晚磨利了的柴刀攥在手里，跟上爹找狗熊脚印去了。

“我俩踏着露水漉漉的草地，穿过一丛灌木林，来到一条小溪边。溪边留下一串很深的熊脚印，特别乱。爹说，那孽作准是又疼又痒，到这儿来用凉水洗脸，抓湿泥土涂过脸。这是熊治蜂蜇的‘土方子’，可是从来没有一只狗熊记住教训的，过不了几天，它嗅到蜜香，又该馋得爬上树偷蜂蜜吃——它找东西靠鼻子，眼睛不好使，所以东北人叫它‘熊瞎子’。

“我们顺着脚印又走了一阵，来到一小块草坪上。爹突然刹住脚步，向我招了招手。我赶上前两步，只见前面的一棵老樟树下直挺挺地躺着一只大狗熊，黑乎乎，毛茸茸，那嘴脸上果然涂着不少湿泥巴。应该是吃饱喝足，正呼噜噜地睡大觉哩！

“仇敌相见，分外眼红，我撒腿冲上去，举起手里的柴刀，朝熊脑袋上就是狠狠的一下。

“爹要拦我已经来不及了。那狗熊痛得大吼大叫，猛地从地上蹿起来，顶着满头血朝我扑过来。我又在它笨拙挥舞的前爪上砍了一刀，然后转身就跑。狗熊哪里肯放？只要被它的爪子拍上一拍，就是铁皮盔甲也会变形的。

“‘绕弯！快同它绕弯子！’爹叫喊道。

“我忙转了个弯，选了一丛长在一起的方竹，同熊兜起圈子来了。这样，我占了便宜，动作迟钝的畜生追不上我了。而我甚至能赶到它的背后去，再给它一刀。等它笨头笨脑地回过身子来，我又绕到它的对面去了。

“可是野兽的气力毕竟比人足得多，我跑着跑着有些气喘吁吁，而它倒还憋着股蛮劲，尽管满身满面血糊糊的，模样更加吓人。

“‘把你的斗笠摘下来！扔给它，对，扔给它！’爹又向我出主意了。他早已端起枪，就是不敢放，一怕误伤了我，二怕打不中狗熊的要害。

“我起初不明白爹的意思，把斗笠摘了下来，抓在手里不知该不该扔，但我终于把它扔给了狗熊。怪，熊一口咬住我的斗笠就站住了，愣在原地摆弄起飞来的‘礼物’，看去真是傻气。就在这时候，爹的枪响了，枪声一响，狗熊就四仰八叉地扑地倒下了，那颗铁芯子弹正好射进了它的脑袋。差不多同时，我只觉得两腿发软，软得像纸糊的一样，一屁股瘫坐在花花草草的地上了。……”

老猎手讲完了故事，仰天哈哈大笑起来。那洪钟一样的笑声好像唤醒了神秘的绿色世界——深山密林的气氛跟着热闹起来，松鼠和青毛猴在接叶交株的竹枝间跳来荡去；各种彩羽的鸟儿忽隐忽现，唱起高高低低的很好听的歌儿。

晚霞染红大地，给苍郁繁茂的大竹岚披上了一重金光闪烁的外衣。在密密的竹林后面，有人在拉长嗓门呼唤我们。一定是帮助我们的乡亲来啦。我们从草地上一纵而起，大步流星地迎了上去。

斗野猪[①]

丹崖怪石，飞泉茂树，无边无际的竹林……对我都已经不陌生了。我爱上了武夷山南麓的这块宝地——从朝霞里像波涛似的荡向云天的山峦，到雨雾中争艳怒放的蝴蝶花丛。多谢大竹岚的主人——猎手老李，领着我在这得天独厚的生物标本采集基地里遨游，饱览东洋区和古北区的飞禽走兽、游鱼鸣虫。虽然我们还没有遇见钢笔大小的笔猴，也没有捉到世界的奇珍角怪和蜂鸟，但所见所闻就够迷人了。

这一天，鸡唱三遍，窗户泛红。我们又起了个早，扛起火铳，走进了云蒸霞蔚的大竹岚。枪管乌亮亮的，在肩头闪映着光辉。太阳透过晨雾射进来，照得山野飞金点翠。昨天还压在大石底下的笋子，今天已掀翻压迫，昂起了头颅；而昨天出了土的，今天已蹿得快一人高了。一株毛竹从出笋到成竹只需要两个月左右的时间。如果作为造纸的原料，当年就可以砍下来；如果经过三五年的老化，它就能派各种各样的用场了。在万物复苏的春季，竹林里的变化可真是日新月异。

望着这些天天向上冒尖的春笋和新竹，老猎手那张疏疏朗朗布着几道皱纹的古铜色面孔，容光焕发，大胡茬的嘴角上现出慈祥的笑影。

① 原载于《大竹岚啊大竹岚》，中国少年儿童出版社 1985 年版。

今天，为了让连日奔忙的猎犬歇息歇息，我们没带它，就钻入了深山密林，到深密之处，自有难以想象的天地。可不是？刚吃过简便的午饭，便发生了情况。老猎手忽然刹住脚步，蹲了下来。我也忙学着他的样子一蹲，只见这里的笋、竹狼藉满地。老李闭紧厚厚的嘴唇，一双炯炯的眼睛里似能爆出火星来。他抓起一把折断的青枝，微微颤抖，猛地一摔，只管在撒满笋壳、竹叶的泥土地上扫寻，终于，锐利的目光停留在一盘竹根上，那里有一个不大的洞，洞口有新翻的泥土。

“是野猪！一群造孽的家伙！”他叫起来，双锁的眉峰随着话音跳动着。

“野猪？你怎么判明的呢？”我半信半疑地问。

“明摆着的。它们刚在这洞口哈气，拱土，吃了蛇‘面条’哩！”老李伸出粗大的巴掌，拨拨蛇洞口的新土说。

“哈气？吃蛇？”我更惊奇了。我过去只听说獴、仙鹤吃蛇，却没听说猪也能吃蛇。

“这孽作是蛇的克星，对着洞哼哈几口热气，蛇就像着了魔似的跳出来，送进它们嘴里。不信待会儿瞧，打死一头野猪，剖开肚肠，准有蛇皮、蛇骨头。咱们大竹岚人家养的家猪，有时候也吃蛇哩！”

这番话说得我手脚发痒了，恨不得马上撵上这群畜生。老李却不慌忙，还在地上搜寻着，发现了大大小小好几个蹄印，照例量了量深浅，看了看土色。

“走，它们还跑不远。逃不出咱俩的枪口！”老李直起身，朝我招招手，向一条郁郁苍苍的深谷大峒迈开流星大步。因为没带猎犬，我们只好循着野猪的脚印摸索前进。茂盛的竹林间野草丛生，苔藓却是斑斓，把杂乱的猪蹄印印得清清楚楚。生物宝库大竹岚也是个孢子植物的大世界，树干上、石缝中、房前屋后到处都长着茂密的苔藓和地衣。现在展现在我们搜索之路上的，是横生的大羽藓、平铺的耳叶苔、

跋涉武夷山上下

鳃叶苔、灰藓……

“要小心！野猪可不那么好惹，它发起疯来，连老虎也打不赢它。”老李一面走，一面小声地提醒我，“我亲眼看见过一场猪虎大战。一只虎和一头猪一齐到溪边来饮水。虎本不想惹猪，可是那猪不知为何大发雷霆，两只野兽就凶猛地滚打起来。不到抽一支烟的工夫，猪的身上已被撕裂了好几大片，而虎也被咬断了一条前腿。虎退出战场，想不打了，可是那‘拼命三郎’的野猪又扑了上来，结果只好再战，直战到猪的喉咙被虎连抓带咬地割断。而虎也被猪开了膛，肚肠流出来，走不多远也死了……”

走着，说着，老猎手突然趴伏地上，又揪住我的衣襟，把我也按倒在地。

“你听！它们就在前面！”他贴着我的耳根说。

前面，除了青葱婆娑，我什么也没发现。可是仔细倾听，果然有一种细微的簌簌簌的声音传来。我着急地端起了火铳说：“它们又在糟踢竹林子！”

“慢！”老李忙阻止我，“这儿是上风处。孽作的鼻子灵，一闻到人气，就要逃走的。”

于是，他拉着我控背弓腰，顺一条山沟，抄到野猪群的前边去。

爬出山沟，已到了坡的高处。我们伏在一块黑巍巍的大石头上。拨开几层忍冬藤，看见了一只只黑褐色的野猪，正伸着獠牙暴露的长嘴，肆无忌惮地拱掘着春笋，贪婪地嚼咬。

“你藏到那丛树后面去，来一个夹攻。”老李指着十几米远的灌木林吩咐我，这时，他那热辣辣的目光变得像铁一样坚冷。

等我小心翼翼地爬到林中，才架起枪，“砰”的一声，老李那儿已腾起了一股白烟；再看山坡上的野猪，有一只应声倒毙，其余的惊慌得四散逃命，发出“吁——吁——”的嘶叫。其中一只直奔我来。它的鬃毛稀稀拉拉，根根刚直，背上还混生着一些白毛，爬坡的劲头十足。我并没有被汹汹的来势所吓倒，但毕竟有些紧张，不知什么时候，扳机扣响了，耳膜和右肩同时一震，可是等枪口上的硝烟稍稍散开，它已血淋淋地冲到了我的眼前。

我没有射中要害。对于野猪，要么一枪结果性命，要么给自己带来灾难。如今它受了伤，果然像“拼命三郎”似的朝火药味扑过来，扇动着一对耳朵，龇着向上突兀的尖牙，“呼哧呼哧”地上来了……

就在我做了最坏准备的时候，竹林里又响起清脆的枪声。已经向我张开大口的野猪跃起前蹄，大叫一声跌倒了！显然，是老李救了我，他老远地向野猪补了一枪。我正要向他招呼，不料身中两弹的野猪比我更先跳起来，把闪着绝望、狰狞绿光的小眼睛转向了腾起硝烟的大黑石，又埋头冲了过去，急速的四蹄高高扬起泥花和碎草。

危机转移了，老猎手要再装一发子弹是来不及的。更不巧的是，他也不曾料到受伤的野兽会再作一次挣扎。当野猪扑向他的时候，他

已经提着枪从大黑石背后走了出来，准备去收拾猎物了。然而，猎手毕竟以特有的机敏发觉了意外，我虽然看不清他的面部表情，但从他一推歪戴在额前的绿军帽、猛然伫立的动作，知道他已估计到自己的逆境了。

我尽快地装填弹药，目不转睛地注视着这可怕的遭遇，浑身直冒冷汗。

一个令人费解的场面出现了：老李面对疯狂的野猪，竟甩掉了枪，稳稳扎扎倒退几步，就在孽作踉跄到跟前时，猛一闪身，仰面倒了下去。野猪来不及转弯，也力竭倒地。我分明看见野猪没撞着老李，可是人和兽却并排躺在黑巍巍的大石头上。老猎手一动也不动，像突然僵化了。野猪则鼓动着干瘪的黑褐色的肚皮，挣扎着站立起来，朝躺在它身边的人伸过长嘴……我激动得真想大喊，但紧紧地抱住火铳，不敢贸然开火，怕再射不准，误伤了大竹岚的主人。说也奇怪，野猪只把老李嗅了嗅，居然不声不响地倒下了。过了一会儿，它又使劲鼓动几下肚皮，又去嗅了嗅，再一次倒下来。看来，它对身旁的仇敌不放心、不甘心、不死心，但确也力不从心了。我忽然记起了老李昨晚闲话时说的一件趣事：不少野兽只吃活物，不碰死尸，野猪恰恰就是其一。想不到今天把这条经验实践给我看了。

日影渐渐拉长，由竹林的正中移到西边，照耀着死一样沉寂的山林，光线的色调似乎在变，减退了竹叶的青翠和生气。老李仍旧躺着，僵硬般地躺着，一条乌梢蛇曾从他脚背上爬过，他一动也不动；一只蜻蜓大的蚊子在他脸上停了停，他还是没有动弹。野猪照旧鼓动干瘪的黑褐色肚皮，身下淌了一大摊血。它那死囚般的眼睛不时睨一睨“死人”，好像只要他一活过来，就仍会扑上去，咬穿他的胸膛，来个同归于尽。

这是一场比耐心、斗智谋的持久战。山林里的蚂蚁、小黑虫把我的手、面叮起好几个包，我不敢移动位置，生怕由于响动唤起了野猪的兽性。我只是紧握着手中的火铳，双手在枪把上捏得出汗。我为自己蹩脚的枪法而羞愧、恼恨着，现在只要能把九死一生的老人家从四把匕首似的獠牙下救出来，要我干什么我都情愿！

时光一分一秒地流逝……事后，我才从老李那儿得知，他的难熬劲儿比我厉害十倍，但镇定和智慧也胜过我十二倍。他是真正的猎人！他从“装死”的第一秒钟起，心里就像台风中心的大海一样翻腾，一直不停地盘算着如何摆脱、战胜这只垂死的歇斯底里的野猪。

我揉了揉眼睛，看清楚了，老李正慢慢地、慢慢地蜷曲起双腿，向山沟方向侧转身去。我的心一震，局势的扭转就在这一两分钟里了。我搓干手上的汗水，又检查了一遍枪膛上的红硝，屏住呼吸，把准星对准还在微微喘息的野猪。它也有点觉察，吃力地转过头——据说野猪头的重量等于体重的十分之一——盯住了复仇的对象。

一阵山风吹来，满林子的叶蔓沙沙作响，随即，好像一切东西都动弹起来了。就在这一刹那，老猎手像一道蓝光，就地一滚，翻身纵下山沟不见了。野猪粗野地吼叫了，也像堵矮墙似的站了起来。而就在它站起来的第一秒钟里，我的枪响了，一颗粉笔头粗的铁弹射进了它的脑壳。它还没站稳就又倒地，停止了呼吸。

暮色扑落了。远处的猪母岗、先锋岭蒙上了青黛色，显得格外苍茫、辽远；唯有西边那道像屏风一样横卧着的山岭，还残留着晚霞的余晖。东方的竹林抱住一钩新月，无可计数的长长的尖叶尽洒亮光，一串串明明朗朗的“珠宝”——星星挂在枝头上，使得大竹岚的天幕显得格外美。当我们招呼着生产队的乡亲们燃起不怕风的篾火，排成长队，从深山里把两头害兽扛回村的时候，一路上，除了嚓嚓的脚步声，还清晰地听见了千百棵竹笋在破土、千万根新竹在拔节的毕毕剥剥声。啊，成长吧，大竹岚的生命核心！

抬头仰望，月亮已经升到了高空。她仿佛是被全村人欢乐的气氛托将起来，送上天际的。

抚鹰①

烈日当空，山林里亿万张有生命的叶子都被晒得光闪闪的，却又软绵绵地垂下了柄。闷热的空气中，只有几种苦艾散发出来的新鲜香味，使人稍感缓解。这一天，我和老李一上午只遇见一只正把尖尖的嘴巴贴在地面上准备偷鸡的灰狐狸，其余一无所获。现在我们揩了两巴掌从脑门顺着鼻梁往下淌的汗水，站在一棵参天蔽日的大杉树下不住地扇风。汗，是从浑身上下每一个毛孔里冒出来的，哪里揩得干呢？虽然已经到了夏天，但为了入林防蒺藜刺、虻蚊咬，我们还不得不穿着厚厚的粗布衣裤，现在早已湿透了。

“啊，要是马上下一阵雨，我准抬起头来喝它个痛痛快快！”我故意摇了摇别在腰间的空水壶，仰颈发出一声感叹。我觉得，身体里的水分几乎要蒸发光了。

“等下雨还得一个来钟头。”老李像个气象预报家似的肯定地说，“走，那边山谷里有一个潭，我带你先去喝个畅。何况崖上崖下有好些山洞，正好躲雨哩。”说着，他把我肩上的火铳夺到他肩上，挥舞柴刀，披荆斩棘地在头里迈开了大步。

---

① 原载于《大竹岚啊大竹岚》，中国少年儿童出版社 1985 年版。

笔走大竹岚方圆

我愣了愣，三步并作两步地追上前，问:“你怎么知道天要变了呢?”

“哈哈!”老李乐了，扬手指向远处说，“你看那山嘛!”

从面前两棵大树的空隙认真望去，只见苍翠雄伟的先锋岭上耸起了一座洁白的“云山”，“山势”险峻，“峰壑”脉脉，飘泻着柔丝般的“瀑布条”。那团云真厚、真大，奇特的形状像一把倒立的扫帚，直插蔚蓝色的天空。我仍然在怀疑:“这么好的天，会下雨吗?”

“嗯!”老猎手自信地点了点花白的脑袋，告诉我，“俗话说，‘白头雨，乌头风’。假使那块扫帚云变黑了，不但要下雨，还要刮大风呢。这云里面积满了雨水，积雨要过境啦!”

我们横冲直撞，穿过毫无路径的茅草丛，来到了山谷底，气温顿时从炎夏降到了初春，连周围的植被也都变了样。在左右两壁断崖的当中，果然隐藏着一股泉水，泉流在这里扩大成一个深不可测的碧潭。一些阔大的掌形的绿叶散漫地漂浮在水面上，银色的大水泡慢慢悠悠地、时不时地从水底冒上来。我高兴极了，弯下身去，先“咕嘟咕嘟”

浇熄了喉咙里的干火，喝了个饱，接着掬起清凉的泉水洗了个脸。

老李见我如此“狼吞虎咽”的模样，把枪卸了，善意地笑道：“啊哈，再喝下去，你就游到潭里去做一条桂花鱼吧！”

“桂花鱼？这潭里有桂花鱼？”我想起了历代诗人都称赞过这种美味的佳鱼。

“有，有！竹筒桂，白头桂，胭脂鱼……还有‘鱼猫’——你们叫水獭的那种畜生。大竹岚里哪样没有？”老猎人浓眉一挑，拉着我在一棵须根垂到水面的大榕树下坐定，不无自负地说。

“噢，水獭可是珍贵动物。它的皮毛细密光溜，能避水挡雾，全世界都有名气的。”我指着这方可爱的碧潭问，“你说，这潭里也会有水獭吗？为什么叫它‘猫’呢？”

“它爱吃鱼，脑袋瓜圆滚滚的。不也就称得上‘猫’了吗？”老李又一挑浓眉，风趣地说道，但紧接着叹了一口气，“咳，这家伙脾性奸狡，胆小，比贼还厉害。……”

我从老李变得有些沮丧的话音里听出，他要说故事了。于是，我把干粮包和火药筒往粗树根上一枕，仰面躺下，静静地听起来——

“它白天在水里生活，夜晚上岸歇宿。就睡在水边林缘的那些树洞石缝里。一有风吹草动，或者闻到什么陌生气味，便飞一般扎进水里，躲到深更半夜也不再露面。它闻到肉味，即使是鱼，也从不一见就咬的，而是一见就逃，在水里待了一会儿探出头看看，那鱼还在不在老地方？这么探头沉底了三四回才爬上岸，用前爪一点一点地把鱼从钓钩上扒下来。猎人常常被它弄得哭笑不得，明明前一晚放了钩的，第二天一早不但钩上的诱饵没了，还换上了一大串烂树兜儿。……”

“难道就没有上钩的吗？”我忍不住打断了老猎手的话，不平地问道。

“也有。但上了钩还让它跑掉的哩！”老李几乎有些恼了，“去年秋天，我在猪嘛溪上游寻着了‘鱼猫’的脚印，当夜就放了九个钩，钩上都是活蹦蹦的鲜鱼。哪知第二天早起只收到一只小不点儿的‘鱼猫’前爪。原来上我当的只有一只小东西，也不知是它爹还是它娘，为了搭救它脱身，狠心把它被钩住的那只前爪咬断了。所以，直到那一天早晨，我才信了老一辈钓‘鱼猫’的两句山歌，叫作‘放钓七八九，钓来一只手’……”

我听着听着，凝望着不时冒出诡秘水泡来的碧潭出了神，深深地呼吸着周围夹着野花芳香的湿润空气。

不知什么时候，四周的空气颤动了一下，从山谷里窜出一股风来。再看天时，刚才那座在先锋岭上叠起的“云山”已经消失，天边变幻出铁青色的千层烟云，恰似万重怒涛，一排排、一层层地奔涌着。

“就要打雷了。”老李站起身，拍拍裤子说，“我们去找个山洞吧，免得遭淋。”

我信服地跟着他站起身，随他走向山崖。这时，我才比较仔细地观察起夹峙这股泉流的两侧断崖。武夷山九曲溪的源头，有许多矗立在激流边上的红色危崖。巍巍的峭壁峥嵘陡峻，苍郁的峰尖直冲云霄。四五千万年以来，岩层中铁质的氧化、石灰岩的溶解，在崖壁上割裂出大大小小垂直方向或水平方向的解理——裂缝——山洞。我们蹲着的这个洞就是其中之一，只不过它坐落在崖脚下，还有好些洞是在崖腰上，甚至更靠近崖顶的地方。据考古学家说，九曲溪两崖的许多洞穴里，停放着三四千年前一个古老的少数民族神秘的船棺，有些用整根楠木凿成的船形棺材至今不朽，里面保藏着完整的尸骨和除文字以外的精致殉葬品。

乌云把干净的天空玷污了。云海先是在先锋岭上空翻滚，很快就像猛涨的潮水，泛滥在我看得见的全部天际。天色暗将下来，在阵阵狂风的鞭笞下，山树摇撼，草木窸窸地打战。我忽然想起苏联文学家高尔基写的散文诗《海燕之歌》：

> 白蒙蒙的海面的上头，风儿在收集着阴云。在阴云和海的中间，得意洋洋地掠过了海燕，好像深黑色的闪电……

要是在这“推波掀浪”的云海里也出现一只勇敢的海燕，该多有诗意呀！我正遐想着，头顶果真掠过了一团黑影。“啊！山鹰！”我一眼看清楚那团嘶风逐电般飞翔的黑影，惊喜地叫了起来。

“是咯，它已经来回飞了四五趟了。”显然，老猎手早就注意到了它，“它忙着在那个洞里做窠。”

顺着老李指的方向，我看见那只山鹰伸展着刚健有力的大翅膀，在对面崖壁当中巍然突出的一块石头尖上歇了歇脚，而那块石头尖正连着一个小山洞。它把衔在嘴里的茅草吐到洞里，就又抖开翅膀，昂首钻入了云空。

“准是头母山鹰，刚孵出小鹰来，要赶在这场暴风雨前把巢铺搭好。鹰可是好样的飞禽哪，像我们山里人，什么邪恶也不怕，什么气候都敢闯。你们写文章的人不是也常常夸奖它吗？它最恨贼头贼脑的老鼠——在半空中盘旋了一圈，看见了一只在田里偷嚼庄稼的贼老鼠。嘿，往哪里跑?！呼地一翅，猛扎下来，就把那小贼牢牢抓在爪心里了。再飞到半空时一松爪，老鼠便跌成了肉饼——过去，我们打猎的人喜欢驯养山鹰。它的眼睛赛过狗的鼻子，性子也猛，而且对主人的忠心一点也不比那四脚畜生差。可惜，现在鹰不多啦，特别在村庄附近，农田里撒了农药，老鼠药死了，吃老鼠的鹰也药得快绝了种。就是在这深山里，才偶然看得见它。对了，在我孙子读的书里，还有一个外国故事哩——有一个国王出外打猎，带了一只猎鹰。他口渴极了，去山泉里汲水。杯子刚近唇边，忽地飞来了他的猎鹰，把那杯水打翻了。国王以为鹰同自己开玩笑，就再舀了一杯水，但是刚端起来时，又被鹰打掉了。国王火了，从来没有人敢这么肆无忌惮对待他。他拔

出剑来把鹰赶开，警告假如再捣蛋，就宰了它。接着，他第三次去汲泉水。还没直起身子，又被从空中直冲下来的猎鹰打翻了。国王气得抡起宝剑把伙伴砍了。可怜的鹰刚刚身首分家，泉水的上游就顺流漂下一条毒蛇……”老猎手又这么绘声绘色地讲了一个鹰的故事。刚才讲水獭的时候，好像在刻薄一个品行不佳的小人，现在却像在歌颂一位挚友，尤其讲到猎鹰屈死的时候，他那张饱经风霜的脸上现出了深刻而含蓄的笑容，这笑容有增无减地留在了嘴角旁。

一道闪电撕破乌云，轰隆隆地劈下一个响雷，随即，大点粗雨哗啦啦地泼泻下来，整个山崖的草木、岩石、溪流都开始迎风接雨。我对洞外像火蛇一样在山谷里折腾的闪电、对从这个山峰滚过那个山峰的炸雷都不屑一顾，只是端详着老猎手富于表情的面孔，我觉得他的脸上有一部读不完的书。而他那双威严的眼睛，一直凝视着山鹰落脚的岩洞，偶尔也转过来审视我几秒钟，好像要看到我的心底似的。可是，我却也发现他的面色在发生变化，目光里现出了不安和恐怖。他终于关闭了话匣子，举起了手中的枪。

“蛇！你看见了吗？一条蛇在朝鹰窠爬！”老李已经在瞄准了。我终于透过如注的密雨，找到了断崖上的一条细细的曲线。

在一连串的雷声助威下，老李的猎枪开火了。我分不清是枪声，还是雷声、雨声，只觉得那声响很快消化在风雨当中了。但细细的曲线照样不慌不忙地扭动着，向上方的鹰窠接近。

“太远了，打不到！它是趁母鹰不在家，来吃雏鹰和鹰蛋的呀！”老李挥着拳，跺着脚，咆哮道。

忽然，我们头顶又一黑，母鹰回到风雨山谷中来了。这回它飞得很低，以至于我看清了它整个彪大迅猛的身躯：铺张开来的黑压压的劲翅，犹如霜雪的翎毛，晃若明星的锐眼，一张钢铁般的尖喙弯勾着，一对利爪蜷缩在胸肌下方……这又使我想起了赞美海燕的散文诗：

“那是勇猛的海燕，在闪电中间，在怒吼的海的上头，得意扬扬地飞掠着……”

一长声口哨似的唳叫划过雷电风雨，听来十分刺耳，却也令人振奋。我们的全部视线都集中在这只母山鹰身上了，只见它在崖顶上拨风斩雨地盘旋着，它一定看见了那条将要威胁自己子女的敌人。它猛地冲入山谷，张开利爪，但是在将要接近蛇的时候，又扑棱长翅，腾云而去了。大概是较量了一个回合，没有找到有利的攻击角度。不一会儿，鹰又一次俯冲下来，但又像上一回那样，在快要接触的时候仓皇飞离开去。而那条蛇继续向上爬着，我们在远处观察，约莫它的一小半身体已经爬到洞口的那块岩石上了。也许是保护下一代的急切愿望逼使母山鹰下了决心，这次，它一点也不拐弯抹角了，简直像一颗炸弹似的从空中笔直掷到洞口，又在着落的瞬间猛地飞腾了起来，双爪抓住了敌人。

“好呀！”我禁不住鼓起掌来。可是老李的眉心却皱起了疙瘩，更加紧张了。他向我摆了摆手。是的，战斗还未见分晓。那条蛇像弹簧似的弯扭起来了，绞来绞去，终于缠住了鹰的腿。鹰像感到了危机，触电似的冲天而上，飞高，飞高，几乎隐没在风势减弱了的云雨里，却仍然无法把蛇摔下来。钩喙、硬翅此时都起不了作用。忽然，母山鹰在空中栽了个跟斗，那对几分钟以前还在劈削风雨的翅膀僵化了，再也不能扑腾，只是勉勉强强地保持平衡，滑翔。蛇还在它的腿上。仇敌们互相纠缠，飘忽着，徐徐降低高度。母山鹰力图飞回自己的窠去。

“被咬着了！鹰挨蛇咬了！”老李直拍大腿，用枪托嗵嗵敲击着岩洞的石壁，掩口的胡须抖动着。我从来未见过他这样激动、难过，即使在处境最危急的时候也不曾有过。

风住了，雨停了，天色从阴霾中映出了光明。天上乌云稀淡了，山谷里的水汽却编织成了山雾，从地面升起。我们对越来越清晰的能见度并不满足，我们担心着母鹰的生命，担心着它用生命来保护的下一代。

“走！到对面看看去！”我一把拉住老李的大手，建议说。这正中他的下怀，他满意地束了束腰带，就和我走出了山洞。

山谷里布满了树脂湿润的清香，水声和风声的交响奏鸣灌满了耳室。我们迎着水雾，跨涉陡然涨了水的喧哗湍流，从一块石头上纵到另一块石头上。背着两支猎枪和其他家什的老李，动作灵巧得像一只青蛙，一连几个“三级跳远”，率先到达了对岸。要从正面登上突兀凌空的断崖是不可能的。我们埋着头，七弯八岔地绕到它的背后去，用“S”形的路线攀登。我相信，此刻即使是登山运动健将也不一定能赛过我们的速度。老李完全抛掉了年龄特征，又像一只猿猴似的登着高，哪块石头可踏，哪棵小树可攀，踏了哪块再攀哪棵，他一步也不错，手脚利索不曾有分秒停顿。

雨后的武夷山格外美，那高大挺拔的是苍杉，那如伞如盖的是青松，那婀娜多姿的是翠竹，在它们下边，水淋淋、鲜嫩嫩的是丛丛灌木、簇簇野花，还有朵朵鲜绿色的大叶藓。平时，我肯定要驻足欣赏，把美丽的植被描述一番，可是现在我的视野里只有老猎手的脚跟，我只是踏着他的足迹向上。衣服和裤子又被淌着细流的草木、石头泼湿了。

心儿狂跳，脚底生风，我们奔上了崖顶。崖顶的松树梢，蹲着两只羽毛丰美的鹧鸪鸟，好像在等候我们，一见面就相顾一视，引长脖颈啼出了悦耳的嗓音，“咕——呱哒——呱哒……”老猎手把猎枪、硝药、挎包……一件接一件地扔给我，然后解开一圈又一圈地扎在腰间的背包带。他每解一段就拉几下，试试牢不牢，最后把末端系在树干上，提了把柴刀，准备下崖去。

“你抓住带子，慢慢地、慢慢地放。等我喊你时，把我拉上来！”

老李像射野猪那回命令我去夹攻那样，用一种不可抗拒的目光直视我说。

“小心！鹰窠里有蛇。”我提醒道。

“嗯，我会对付它的！”老猎手掂掂手中的刀说。这架势的潜台词是：非收拾它不可！

从崖头朝下望，山谷里灰蒙蒙、雾腾腾的。起初，老李还在雾气里若隐若现，后来完全看不见了。我每隔半分钟就唤他一声；听到我唤，他就答应一声：

“老李——李——李——”

“哎——哎——哎——哎——”

我俩的回声在断崖两边此起彼落。除了这声音，四周一片静穆，群山密林都在雨后的清新中悄然伫立。忽然，带子不再下沉了。我问他：“到了吗——吗——吗？……”

“到啦——啦——啦！……”他的回答似乎就是在我的回声里生出来的。

半分钟过去了，一分钟过去了，两分钟过去了。我正等得不耐烦了，带子动了动。我开始用力往上拖拉，觉得重量增加了不少。但越拉心情越不平静：老李到底怎样了？母鹰和小鹰到底怎样了？它们的死敌到底怎样了？终于，老李出现在蒸腾缥缈的白云雾上了。他刚冒出崖沿，我就伸出了手，他却兀自俯下身去向自己的脚下拉了一把。原来猎手的腰间挂了个网线猎袋，母山鹰正躺在猎袋里。

老李的上衣纽扣解开，胸襟半敞着。他还来不及摆脱身上的带子，就往衣服里掏，小心地捧出一只全身光溜溜的似睡非睡的出壳雏鹰来，托给了我。他的目光多么慈祥、多么亲切呀，简直像刚做妈妈的少妇抱出吃饱了奶的小宝宝，我第一次看见他这般温柔、仔细的动作。

接着，他又忙把母鹰从猎袋里卸出来。这只山鹰有十来斤重，已经闭上了漂亮的蓝眼睛，一对墨羽修长而浓密的翅膀紧贴在结实的胸肌上。忽然，它的腿抽搐了两下。我惊喜道：“它活着！”

“是要断气的征兆，没救啦！你看它的面孔和腿都发紫了，身体里面在大出血。”老李几乎是悲哀地对我摇摇头。接着，他介绍了在鹰窠里的发现：“好样的飞禽！它被毒蛇咬伤了，却死也要死在自己的窠里。一着地，那条眼镜王蛇就想逃，可还是被啄死了——哪能让强盗行了凶又从家门口溜走呢?！直到我下到洞口，这头母鹰的嘴里还咬着蛇的‘七寸’。我把它的喙掰开，蛇头立刻断落下来了……”

“今后得好好照顾这没娘的孩子啦。”老猎手神情一转，爱抚地摸了摸偎在我手里的体温热烘烘的小雏鹰，一往情深地说。

我们在崖顶上把母山鹰埋了。我在小小的坟前，插了一枝苍翠的松枝。这时，太阳正从雪白的云层里射出缤纷的光芒，在不太强烈的万道霞光里，飞起了一弯七彩虹桥，宛如一个壮丽的特大花环。

我把小雏鹰揣在怀里，时时保护着它；跟随老李一步一个脚印地向前走，越走越来精神，早已忘记了暴风雨前的饥渴和疲累，心里第三次默诵起高尔基的《海燕之歌》：

> 海燕叫喊着，飞掠过去，好像深黑色的闪电，箭似的射穿那阴云，用翅膀刮起那浪花的泡沫……在雷声的震怒里，它这敏感的仙魔——早就听见了疲乏；它确信，阴云是遮不住太阳的，是的，遮不住的！……

捉猴[1]

隆冬的森林里，夜幕降得特别快。还不到五点钟，太阳落山了，鸟儿归巢了，周围的一切：远山、近树、巉岩……都变成了浓一片、淡一片、高一片、低一片的黑黝黝的剪影。

我仰面躺在一个五尺见方的凹坑里，身下铺着一大张塑料布，塑料布下垫着软蓬蓬的茅草，茅草下是刚烧过的草木灰。左边有一堵红色页岩，右边燃着两堆篝火。欢舞的火舌带着轻烟，被风吹折了腰，像一床无形的暖和的鸭绒被子，盖在我的身上。

“这真是个过夜的好办法！”我透过火焰，张望着铅灰色的云天，不由得赞赏起小王的山林生活经验。

王逢春可真是个快活的小伙子。听，他又在唱歌了，手里拨弄着篝火，轻轻地唱着：

一堆野火旺又旺，
竹筒米饭喷喷香，
再加叉烧嫩山鸡，

---

① 原载于《大竹岚啊大竹岚》，中国少年儿童出版社 1985 年版。

哎哟哟，
吃它个精打光！

他唱的，就是我们晚餐的内容。两节装了水和大米的青皮竹筒在火里煮着，一只黄昏时被小王的口技引出来的山鸡公也在火架子上反复烤着……

当我对这新鲜的森林之夜感受了一番之后，心绪又被牵到了明早捉猴的事上来。猴子，这群精灵、淘气的畜生，把这一带的竹林、庄稼糟蹋得够惨了，挖笋、拔苗，一捣就是一大片，前两天甚至溜进粮仓里，成群结队地搬黄豆吃了。你赶也无用，没等人靠近，那只攀在树上放哨的老猴高声一啼，全跑光了；即使举枪打倒了一只，尸首也会被簇拥着，在几秒钟之内无影无踪。只有抓只活鸡或者活狗，在它们看得见的地方，当场砍下脑袋，血淋淋地扔过去，才能吓住它们；不过才几天，它们又出现了。为了彻底治住猴群，王逢春领了生产队的特殊任务，顺便把我也带上，进了深山老林。究竟要用什么办法来治猴呢？我曾听说，挖陷阱，用猴子爱吃的豆子、玉米就能把它们引落到陷阱里；或者在竹笼子里放上嫩笋，猴子一钻进去，门就关上了；还可以用浸了酒的诱饵，能一下子醉倒一批猴；还有人把一个南瓜挖空，里面放上炒熟的花生，瓜壳表面只开两个小洞洞，猴子前爪一伸进去也就束“手”就擒了。但是，我既没见小王带笼子、南瓜来，也没见他挖陷阱……

“小王，明早你真能捉住猴子吗？”我忍不住开口发问了。

这时，快活的猎手已经抱住枪，在我身边躺下了。他打个哈欠答道：“能。要不然，怎么治得住整群的青毛猴？也不怕惹您这‘大记者’笑话？”

“青毛猴？”我又听到了新名词。

“嗯，学名叫熊猴，就是我家里养的那一种。还有一种黄毛猴，傻笨，做不来把戏……”

“有白天在树杈上睡觉的懒猴吗？”我忽然想起一本书上介绍过这样一种猴子。

“唔，没，没有见过的……”瞌睡虫爬上了他的眼皮，他已快入梦乡了。

我却没有睡意，听着风在山谷里嗖嗖呼叫，有时还送来几声豺狼的怒嗥和猫头鹰的狞笑。这儿有篝火，它们当然是近不得的。在武夷山，还有一种叫“哥鸪”的夜鸟，总是彻夜不眠地啼叫，声音特别抑扬。据说，当它们引颈长鸣的时候，身体还不停地旋转，也许算是“载歌载舞”吧？可惜，今晚我听不到它们的歌声，更找不到它们的舞姿了。由于心被拴在捉猴上，在跳跃的火舌中，我仿佛重见了王逢春家里那个从森林里掳来的“小帮手”……

那是今天上午，我从坳头来到小王家的时候。刚刚还顶着明亮亮的太阳光，一进入矮木头房子，不觉视线模糊起来。刚坐定，眼前又嗡嗡地飞来几只取暖的岩蜂，我慌张了，却不敢抬手驱赶它们。小王看得笑起来，偏头向门外唤了声：“阿孙，拿蝇帚来！”

话音未落，一个戴小毡帽的淘气“孩子”就从高高的门槛外跳了进来，手里抓着把棕丝束成的小蝇帚。“他”蹿到面前，我才看清，身上的衣服东扭西歪，下身光着两条毛茸茸的腿——原来是只猴子。

我想要它一耍，小王却又发了一道命令：“老奶奶在厨房里搅蜜糖水，快去端来，快，到厨房去！”

猴子把蝇帚向我膝头一抛，就蹦到厨房去了。不一会儿，那猴儿居然小心翼翼地捧着碗冬蜜水向我走来，滴水不泼。

“真棒！”我惊喜地向王逢春伸出了大拇指。青年猎人笑微微地把双手叉在胸前，介绍说：“捉来才半年多。简单的把戏，只要教一两回就会啦。将来还能替我们家放羊呢！”

“怎么教的呢？”我好奇地问。

“示范。人做个样子，猴就跟着学了。”王逢春老练地说，想了想，又补充道，“只是有两样教不得。”

“哪两样呢？”

“划火柴抽烟和给婴儿洗澡。好在团支部提倡我们戒烟、晚婚。要不然，把它空关在屋子里，真不知哪天要闹起火灾，或者儿子被溺死在澡盆里……”

……我在“床垫子”上翻了个身，顺手往火堆里扔了几根干枝，火焰毕毕剥剥地升高，在沉沉的夜雾中凝成两团红火球，快要下雪了。咳，要是明早也能捉到几只这样的“阿孙”就好了，我这么想着，想着，也进入了梦乡。

清晨，吱吱喳喳的百鸟争鸣把我唤醒。比起其他各类动物，林栖鸟类来到地球上的时间真没多久，才六千万年光景，但它们迅速进化着，到了今天，全世界已有不下五千种林栖鸟，而其中一半以上是会唱歌的鸣鸟。是啊，早晨在森林里听不见鸟儿的悦耳歌声，那真太寂寞了。我睁开眼睛看，小王早已不见了，篝火也熄灭了，冒着缕缕清淡的余烟。林子里漫天遍地雕白银，砭人肌骨的冷雾从山谷底的草木丛中蒸腾上来，在雪岩和细瘦的冰河上浮荡。忽然，一道明亮的光辉涌入我的眼睛，太阳出山了，雾染上了颜色，挂着冰柱的树干染上了颜色，雪岩、冰河染上了颜色，红苹果似的颜色。

“今早是捉猴的好天气！”王逢春肩上扛着几截粗粗、扁扁的木头，兴冲冲地从重雪压枝的树林背后走了出来。

“你上哪儿去啦？”我迎上前问。

“锯木头。啊，你别碰！”他涨红了脸，忙侧转身挡住我。

我一端详，原来那是几截车轮子似的松木，纹理清楚的年轮上像

喷了胶水，渗出了明晃晃的黄松脂。

“今天的活计，全靠它们！”小王仔细地把木头卸在雪地上，向我解释道，“粘住猴子的屁股！”

我听了不禁大笑起来，拍拍他的肩膀：“原来这就是你的‘陷阱’，有趣！可是猴子能听话吗？”

小王眨了眨眼，说：“等着瞧！”

我们收拾停当，就上了路。从树梢的缝隙里向外望，云彩薄了，气温也回暖了。那些露出雪面的草梢、烂树枝蒙着晶莹的霜花，厚雪却像沙滩，踩在脚底下发出吱嘎吱嘎的声响。我们来到了一块开阔的地方，好像是两座林子的交界处，当中矗起一截丹霞地貌的断崖，不太高，光秃秃的。经过太阳照射，一部分崖面上的雪已融化，好像被水洗过一样。

王逢春在林子边上站住脚，用特有的机警扫视了一周，侧耳听了听。然后向我做了个手势，叫我站在原地等候；他自己扛着几个“木车轮”从旁边攀登上去。只见他转身隐没在暗红色的峭岩背后，不一会儿却又出现在崖头上了。他把几截松木放在向阳地方，还从衣袋里掏出些东西，撒在周围和从对面林子过来的路上。然后一步步地退下崖来，用树枝扫没脚印。等他回到身边，我急不可耐地问：“你在崖上头撒了些什么？”

“猴子们爱吃的呗。我已经来撒过几回啦，这儿成了它们晒太阳、吃零食的好地方。”小王掸着身上的雪粉，边解释边拉着我又往来路上倒退，一连退了几十步。

我们隐蔽在一棵大樟树背后，但对断崖的方向一目了然。这时，林中的鸟儿高高低低、断断续续地唱得更起劲了，唯有勤劳的啄木鸟很少吭声，只是有节奏地叩打着拍子。青年猎手的表情特别悠闲，他轻轻搓了搓手，眉毛一挑，哼了起来：

一轮太阳红彤彤呀，
阿孙挨冻出山洞呀，
珍珠米儿味道好，
哎哟哟，
“大车轮”带走了红屁股呀……

突然，他闭上了口，端起了枪，瞳仁里迸出异样的光彩。几乎同时，我也看见了，一只嘴尖腮瘪、浑身灰毛的老猴子出现在崖头上。它不停地晃动脑袋，翘起弯弯的尾巴，拾了几粒雪地上的东西嚼了嚼，似乎并没发现什么危险，就扭转身“呜呀——吱吱”地啼叫起来。啼声未尽，对面林子里一阵风地跳出来黑压压一大群猴子，大大小小，拖儿带女，扑扑打打，拥到老猴子的身边。原来，它们早已来到了林子边缘，躲在树上，单等“头领”的这一声安全信号。现在，这群猴子都放开胆子嚷嚷开了，争抢着地上的“点心”，甚至互相拉扯，摔起跤来。

起初，没有一只猴子对那些“木车轮”感兴趣；可是，吃了一会儿，闹了一阵子，暖洋洋的太阳也把它们晒得有点困了，有的就搔头抓耳，想找棵树蹲一蹲，可是周围没有树；想就地坐一坐，可是冰凉的雪地也很不舒服。它们这才注意到“木车轮”，多么干燥的地方呀。有一只母猴先纵了上去，一屁股坐下来，接着又把吃奶的小猴抱了上去，捉起虱子、剔起指甲来。不到一分钟，那几截木头上已经“高朋满座”了，没抢上坐的索性跳到其他猴子身上，或者使劲地把坐着的往旁边挤。但怎么挤得动呢？那些伙伴全被松脂粘住啦。有的猴子发出了不安的惊叫。

我的耳畔“砰”的一声枪响，立在崖头上的那只老猴子应声倒栽下来。绝大多数猴子一哄而散，没命地往对面的树林子里逃窜。那些坐在“木车轮”上养神的猴子炸了营，力气小的只在原地挣扎，急得手舞足蹈；力气大的连滚带爬，但也终究被“木车轮”一一压倒了。我跟着猎手拔起双腿“飞”上崖去，把五六名俘虏看管了起来。小王从挎包里取出一根很长很长的绳子，熟练地把它们从脖子到脚一只连一只地捆牢。开头有几只不听话，又是咬，又是抓，我把死了的老猴拖上来，往它们面前一掼，它们立刻就变得服服帖帖了。

“现在可以把它们的屁股解放了吗？”我问。

猎手又耸了耸肩，说：“不行。得等烧滚一锅开水，用开水烫化了松脂，它们才能站起来。经过这个教训，猴群准要钻进林子深处躲个把月，再也不敢越过这崖头去村里胡闹了。万一再来胡闹，就把这些俘虏当中的一个剃了毛，涂上几种油漆放了。它准回林子里去找同伙。猴群一见奔来这么个‘妖精’，准吓得大叫大逃。一个追，一群逃，够它们忙乎一阵子的了。”

太阳喜眉笑眼，被云霞捧得老高了。洁白的武夷山峦映射出紫橙青黄的光彩，那色调任凭怎样的画家也配不出来；更有一股股蓝色的气流，像尼龙的缎带，左曲右弯地缠绕在山腰间，好看极了。我一面牵着这群“阿孙”往回走，一面想象着，一旦它们被送到了动物园里、医药实验室里、马戏团里、我们机关的幼儿园里，科学工作者、文艺工作者和小朋友们该多么高兴呀！

在蛇的王国里[①]

我们进入纵贯大竹岚腹地的公路时，天快擦黑了。夏秋之交的晚霞像发光的孔雀尾巴，勾勒出远山近水奇形怪状的轮廓。群山的下半截基本上都已经灰暗，上半截还沐浴在绚烂的夕照中。“北京牌”越野车沿着一条峡谷疾行，松脂和野花的芳香不时扑入车窗。

眼前蜿蜒曲折的公路，自然而然使人联想起这里的一大特色——蛇，以及治服它们的蛇医高手张震和温美玉。如今他们师徒二人已经从成功总结防治蛇伤的经验，兼而深入调查蛇类资源和研究综合利用了，各地的专家都以极大的兴趣关注着他们的科研成果。

这一带地处北纬 27°35′，东经 117°40′，由于太平洋暖流和武夷山脉地貌的影响，栖集了全中国三分之一的蛇类品种；以数量计，仅五步蛇一种，就有 100 万余条。我曾经听张震、温美玉说过，1977 年 11 月，砍倒一棵两围粗的水杉树，树洞里竟爬出了 200 多条大大小小的乌梢蛇和别种蛇。过去武夷山下的老百姓谈蛇色变，称蛇是“无毛老虎”；现在出了治蛇高手，成立了大竹岚蛇伤防治研究所，人们又能安心地上山了。

---

① 原载于《大竹岚啊大竹岚》，中国少年儿童出版社 1985 年版。

“北京牌”猛地刹住，我在座位上颠了个趔趄，正想问怎么回事，年轻的司机小潘已跳下车去，从左前轮下拖出一条刚碾死的蛇来，三角扁头，全身斑斓，一米多长。

“这条蛇古怪，我得拿给张大伯、温医师鉴定鉴定！”小潘兴致勃勃地对我说。

“你对蛇也这么感兴趣？”我问道。

“那当然啦，在大竹岚里开车，没有不同蛇打交道的。”小潘把他的“猎物”扔进备用水桶里，对我一耸肩，笑着说。

七分钟后，调皮的司机已把车子拐入一条简易公路，熄了灯，悄悄地停在了研究所的百草园里。四周黑沉沉，与楼房窗户的灯光形成了鲜明对比。我们轻声蹑步地捧着蛇踏上楼梯，可是对面却迎来了笑嘻嘻的蛇医们。

“哈哈，我们料到有贵客到了！”老张还像我上次来采访时那样，老远伸出手，发出洪亮的笑声。他看见我们手里的猎物，眼睛马上亮起来。

“这叫什么蛇？”小潘虚心、认真地问道。

温美玉还是梳两条乌黑大辫子，朴素的农村姑娘打扮，举止却成熟了许多。她接过蛇，像读一份重要情报似的，边端详边介绍：“大名鼎鼎的五步蛇呗！它有许多其他名字，也叫白花蛇、棋盘蛇、尖吻蝮、蕲蛇。唐朝柳宗元在《捕蛇者说》里就写了它。一千多年前，中医就拿这种蛇入药啦……”

“你们瞧，”老张掰开死蛇的大嘴巴，露出了一对尖利的管状大牙，“致命的毒液就是从这对牙里注入被害物体的。”

小司机凑近一看，缩颈吐舌头，说：“嗬，咱可是少见多怪啦！”

两位蛇医把我们引进会客室。这里的四周摆满了浸在福尔马林药水里的爬行动物，通亮的灯光照得它们像活着的一样。中央的长桌上，还养着好几缸活的蛇。稍有采集知识的人都知道，这些标本凝聚了捕蛇者怎样的智慧和勇敢，何况其中有不少是《福建动物志》上的新种呢。就拿中间那条浑身散发五颜六色鳞光的叫不出名来的蛇说吧，也许是三亿六千万年前深海蛇类的一个孑遗新种。在那个“动荡不安”的年代里，广泛的世界性加里东造山运动震撼着大地，中国福建和江西地面上的海水全退尽了，武夷山脉从此挺身而起。而原来生活在福建海洋里的极少数海蛇，艰难地适应了新的自然环境，生存了下来……小温请我们在一对竹沙发上坐下，泡了两杯盆栽的肉桂岩茶。我呷了两口，顿时解乏提神，正要端出上楼时存在心里的疑团，老张却先开了口：“你当我俩真有未卜先知的出迎本领吗？哈哈，是蛇报告的呀。”

小温一甩辫子，指着玻璃缸里的一条条蜷伏着的活蛇，诙谐地说：“喏，就是它们！蛇是没有外耳的，不可能听见空气传播的声音，哪怕打锣、吹哨子也听不见的。但是能够接收地面振动的声波。所以，你们一上楼，脚步声就把它们给惊动了。”

小潘用脚尖敲了敲地板，果然大多数蛇都振作起来，一条好斗的眼镜蛇圆瞪着带黑圈的双目，伸直了脖颈，左右寻找进攻的对象。

我饶有兴趣地问：“你们用什么喂蛇呢？”

老张说：“蛇一般吃荤腥，主要吞食活的鼠、蛙、鸟、蜥蜴。”

“也吃蜥蜴吗？”我觉得很新鲜，因为在远古时代，蛇是从蜥蜴这类动物演化来的。

“嗯，它们不但吃自己的老祖宗，还互相吃来吃去呢。”温美玉一面说，一面从抽屉里取出一本厚厚的观察记录，迅速地翻阅，“比如，一条一米七长的银环蛇吃了一米一长的眼镜蛇，一条一米半长的眼镜蛇吃了将近一米的无毒翠青蛇，一条二米一长的无毒乌梢蛇吃了将近一米的剧毒五步蛇，一条只有零点三米的竹叶青竟把长达一点八米的五锦蛇咬死了。我们还发现过大五步蛇吞吃小五步蛇的现象。”

老张满意地审听学生的汇报，又补充了一个“吃来吃去”的生动例子：“我养过一条二斤多重的五步蛇，一连吞下了七只大老鼠，从清明到重阳的二百天里，总共吃掉 176 只老鼠。可是蛇一进入冬眠，就被老鼠欺负了。去年 1 月 6 日下午三点多钟，一条全长 63 厘米的龟壳花蛇被关在一起的三只老鼠吃掉了，吃得只剩下沾在笼子边上的几滴血。至于蛙吃蛇的事儿也是不稀罕的。”

“蛙吃掉蛇？”小司机惊讶地打断了老张的介绍，插嘴问。

“嗯，这不太常见到。起初我也不相信，但是事实开导了我。1972 年 6 月的一天夜晚，捕蛇者老雷慌慌张张跑来对我说：‘张医生，真奇，真奇！我刚才去捉蛇，在一个山坎里拧亮手电一照——你知道看见了什么？三四只棘胸蛙正拉来扯去地争吃一条五步蛇呢！’我当时将信将疑，不过还是把这个观察报告记录了下来。事情也巧，两个多月后，我在杀一只棘胸蛙时，竟发现它的胃内有一条形状还可辨的竹叶青幼蛇。从此以后，我和美玉就特别留心这个现象。我俩专门做了一个实验：把一只大癞蛤蟆捉到养小五步蛇的缸里，看看究竟谁吃掉谁？结果真是癞蛤蟆吃掉了五步蛇。三天后，我们解剖它，那条被当作午餐丧命的五步蛇已经在它肚子里被消化得差不多了。对吧，美玉？”

在老张说话的时候，温美玉微笑地听着，听到老张唤她时，忙连连点头，称赞老师的好记性，又补充了一句：“当然啰，最常见的是蛇吃蛙、鼠，要不然，我们每天供给这些活标本的食品就成问题啦！”说着，美玉从一口布袋里抓出几只小青蛙，丢进玻璃缸，缸里的蛇立刻拍尾扭身，吞吐舌头，捕捉起食物来。无毒蛇咬住了青蛙就不再松口，大口大口地往肚里咽，体壁随之扩张起来；毒蛇的吃法却比较从容，一连咬死几只，然后慢慢地品尝。

我们正观赏蛇的贪婪，忽然灯光暗淡了，几秒钟后全村的灯火都熄灭了。

墙角的电话铃急促地响起来。

老张摸着黑去接电话："喂，我是张震。"

"我是水电站！快，快来一趟吧，这儿出事啦！"听筒里的声音十分响，连我们都听得到。

"有人被蛇咬伤了吗？"

"不是的，你们来了就明白了！"

小司机自告奋勇，载着我们直奔水电站。车灯的光带锃明雪亮，在夜路上扫射。当"北京牌"到达水电站大门口时，已有好些人在等候了。

站长是位中年女干部，神色紧张地一手拉住了一个蛇医，慌慌张张地说："水，水轮机……"

我们忙跟着她走下石堤，三四支手电筒一齐照向半卧在水里的机器。只见那钢铁的顶盖上，弓起一条墨晶般闪烁的长东西，水桶般粗，足足有五六米长。哗哗的流水冲击着，在它周围溅起浪沫，它却纹丝不动。就是它，把水轮机的叶片卡住，造成了停电事故。

"是大蟒蛇！"小潘情不自禁地嚷叫起来。

"有人扔石头，用长竹竿捅它，它都不动弹……"站长继续喃喃地说。

我看到了老蛇医专注而热烈的目光，他的学生眼里也溢出了激动的光彩。

"的确是一条大蟒！罕见，它又填补了武夷山蛇类资源的一项空白。"张震观察了片刻后断言。

小潘瞪大双眼，插嘴问道："难道过去没有人发现过大蟒吗？"

"是的，过去撰写《福建动物志》的专家都分析说武夷山没有大蟒。"张震不及细谈，只一点头，用一句话把小司机的问题带过，便转身来安慰水电站站长："它早死啦！嗯，蛇是嗜饮水动物，前几天下暴雨，出现山洪，也许这家伙正在上游洗澡，被冲下来，捣出这个大乱子。"

人群中的气氛缓解下来。几个胆大的工人带着绳索、斧头爬上水轮机，把被叶片打烂了头尾的蟒蛇拖到石堤上。等电灯重放光明时，称了称，重 42 斤。

水电站站长转忧为喜，热情地邀我们留下来赴蛇宴，小温却笑着摇摇手说："不用了，你只要送一小块蛇皮给我们做资料就行了。研究所有客人们刚到，一路辛苦，改日由我们来请吧。"

老张低声对我说："美玉是个烹调能手，她做的'龙凤汤'——雌五步蛇炖童子鸡，远近驰名！"

"不管无毒蛇、毒蛇都能吃吗？"我问。

"当然。毒蛇的毒仅仅在头部两侧的毒腺中，切去头，剥去皮，鲜肉不但没有毒，而且很有营养呢。用全条活五步蛇浸酒，还能化毒为

补，对患神经衰弱、风湿性关节炎、皮肤病的人很有好处。”

“蛇的一身都是宝，蛇肝、蛇肉、蛇胆、蛇油、蛇蜕、蛇皮、蛇粪便，都是名贵药材，是外贸的重要物资哩。”小温也补充说。

回来的路上，我的眼前老是浮现大蟒狰狞的断体。张震好像看出来了，念诗似的对我说了一段话：“大蛇不可怕，小蛇更可爱，巨人和侏儒，蛇类王国多。你知道，专门吃白蚂蚁的盲蛇只有十几厘米长、几克重。”

“大竹岚里有吗？”

“有，我们还制过六条标本哩。”

夜半历险分水岭

尽管排遣了一番，我这一夜的情绪还是恢复不过来。如水的月光照亮客房的半截粉墙，粉墙上摇曳着纷杂的树影。正对着窗户，隔溪相望的楠木岭里露出几分峻峭，却富于墨韵，那起伏的岭头也仿佛在月色中透明、缥缈起来了，这又使我联想到大蟒蛇。再也睡不着了，一个翻身坐了起来。

不料睡在对床上的小潘也跟着从蚊帐里钻了出来。

“怎么？你也没睡着？”我惊讶地问。

“嗯，”小潘狡黠地笑答道，“和你一样，在想心事。”

“什么心事？”我有些心虚。

“梦随心生，你刚才说梦话，连叫了两声‘蟒蛇，大蟒蛇’！”

我的脸上一阵发烧，忙堵他的嘴：“那你也是吓得睡不着觉啰？”

“我是惊喜各半！”小潘骄傲地一仰头说。

“这话怎么说？”我益发惊奇了。

“我比张大伯、温医师早三年，就在武夷山看见了大蟒蛇，只可惜当时不懂要撕一块蛇皮来做标本。咳！现在想起来还有些后怕……”

我料定又有故事来了，索性下床端张竹椅子，坐到小潘的面前。

小潘双手抱住膝盖，两眼眺望着窗外高远的星空，果然说了开来——

“三年前，我在林业车队开‘解放牌’大卡车，成年累月从大竹岚往外地运毛竹、木材。夏季的白天，驾驶室里热得像蒸笼，谁受得了跑长途？所以我们几乎个个都开夜车，半夜出发，清早到达目的地。

“也是这样的一个夜晚。明月皎洁，银星万点，缀满了天幕——就像你们常描写的那般。我满载着四吨木材，分秒不放地把握着方向盘，在大竹岚里盘旋，忽而爬坡，忽而滑行。空气真新鲜，山风真凉爽。公路上没有来车，也没有行人，我稍稍加大了速度，哼起了最喜爱的歌曲……正当我的‘解放牌’呼呼奔上一道分水岭的时候，前车灯里照见了一根又长又粗的黑家伙，直挺挺地横在路面上，初看我以为是新挖的沟，再看认定是哪辆车撂下的木材，后来又怀疑是有人故意设置的路障。然而就在我刹车的当儿，那家伙竟活动起来了！我大叫着关了车灯，忙把驾驶室两侧的窗玻璃都摇上来。要知道，我虽然从没见过活生生的大蟒，但在书上，报上，电影、电视里已同它相遇不止一次了。

“我使劲地按喇叭，空挡把发动机弄得‘轰隆隆’响，想把蟒蛇赶走，不料再打开车灯看时，它反而盘坐起来，那双眼睛像放光的灯泡，直勾勾地瞪我，眼睛下面开着一张大嘴，一条血红的长舌头伸出来，看来是非要和我决一雌雄不可。我想挂上挡冲过去，可是手足齐软，连离合器也踩不动了。正在这六神无主的时候，背后传来了喇叭声，射来两道强光。接着，我听见后面的车熄火，拉开车门，有人跳下车来的声音。可是我没有勇气探出头去向同行打个招呼——你瞧这熊样，现在说起来都难为情呢！我的车门被‘哗’地拉开了，冒出来的是同一车队的老刘，号称‘霹雳火’。

“老刘还没进驾驶室，打铃敲鼓似的骂声先到：‘你这小鬼是什么毛病啦？叫也叫不应，喊也不让道……’忽然他的‘铃’不响了，‘鼓’也不敲了，慌慌张张地往驾驶室里一跳，随手关上了车门，显然，他也看见了那条‘叫也叫不应、喊也不让道’的大蟒蛇。

“我感到喉头被什么东西堵住，气喘不匀，只是怔怔地望着他。

“他惊魂稍定之后忖度了一下，挥手一拍方向盘说：‘碾过去，碾死它！’

“‘那，那你来开车！’我挪动身子，同他调换了座位。

“他当仁不让，发动了机器挂上了头挡，我的‘铁马’便在他的操纵下起步了。只见那蟒蛇一动不动地守着，它的眼睛越瞪越亮，嘴巴越张越大，舌头越伸越长……

“老刘猛地加大油门，‘解放牌’大吼一声冲了过去。眼看面盆大的蛇头就要撞到挡风玻璃上，只觉得两个前轮‘咯噔’了一下，车头立时滑向一边去。老刘急忙用手刹车。公路上的蟒蛇消失了，可是汽车底盘下有东西猛烈折腾起来，像榔头‘咚咚’地敲打着钢铁。更出人意料的是，靠我这边的车门也随即被敲响，一团黑乎乎的东西拼命扑上距我咫尺的玻璃窗，每扑一下，便带起路面上的大把沙砾。我顿时觉得坐进了十二级台风中的一叶扁舟，船舷外惊涛飞卷，骇浪猛击……我的三魂七魄都飞了，一头扎到老刘怀抱里。老刘一声不吭地搂住我，双臂在瑟瑟颤抖。

“不知熬了多少时间，‘风暴’过去了，车外边安静下来了。无论底盘下或者车门上都不再有‘榔头’敲打，倒是各种昆虫活跃地此起彼伏地鸣叫起来，尤其是关在驾驶室里的蚊子，‘嗡嗡嗡’地在耳畔纠缠不休。驾驶室里又闷又热，我们还是不敢开窗门。窗外的天仍旧那样地清朗朗，高远远，明月皎洁，银星万点……我们逐渐地恢复了神志。

“老刘建议说：‘打开工作灯。’

“我费劲巴力地从座位下把工作灯取了出来。这种灯只要插上电源，就可以随意移动照明。

“老刘举着灯先向车头上照了照，又向他身边的窗外照了照，都没发现什么动静。可是我一接过灯，照向自己方向的窗外时，又吓得心惊胆战——几捆乌鳞闪闪的蛇尾巴把公路旁的一棵树的树干绞歪啦！

“又等了半个多小时。还是胆大的老刘决心打开他那边的车门，举着工作灯下了车。不一会儿，传来了他响喉亮嗓的欢呼声：‘轧死啦！小潘，我们把大蟒蛇轧死啦！头、身体、尾巴成了三段！……’

“记者同志，你说，我这番经历惊不惊？险不险？从此，我也就‘曾经沧海难为水’啦。所以，今晚水电站这种场面根本不在我的话下。

“咳，倒是早些时让张大伯、温医师知道这件事就好了，他们的科学研究兴许能早一点出成果呢！明天，明天我一定详详细细地向他们说一说……”

真正主宰乃是人

天渐渐亮了。太阳虽然还藏在莽苍苍的群山背后，但是它的最初几道光芒已经喷射出来。这熹微的温暖和即将消逝的夜的清凉交流在一起，既使人回味着一种甜甜的倦意，又使人抖擞起精神，迎接黎明的到来。东方，天际很快变得蔚蓝而明净，那飘浮着的细小的云片像朵朵泛起的白浪花，撩拨着我这个从小在海边长大的人的思乡之情。今天，我正处在另一种绿色的海洋——茫茫的竹乡林海中。

两位蛇医高手早已查完了研究所附属的住院病房，为蛇伤患者们换了新鲜的敷药，来催促我上山了。温美玉递给我一双胶鞋，要我把脚上的塑料凉鞋换下来，并嘱咐我扎紧裤管。张震递给我一顶竹笠、一根既可当拐杖又可打蛇的青竹棍。他们的装束也和我差不离，但手里握的是木叉，小温背上还背了个铁笼子，笼子上斜插一把特制的蛇钳。

张震看我有些手忙脚乱，轻轻拍拍我的肩膀说："别紧张，我们一前一后'保驾'，包你的蛇山行百分之一百安全！"

我们拨开晓雾，穿过了茶园，待到走进层青叠翠的蛇山时，密林深处的鸟儿正唱着悦耳的晨曲，它们的声音好像漫天飘落下来似的。其实，大竹岚的每一个山头都可以称作蛇山，只不过我们今天来的地方蛇的种类多一些，别的野兽少一些罢了。鸟儿及鸟蛋是蛇最喜欢吃的佳肴，往往鸟多的地方蛇也就多。

阳光像火，越来越强烈地喷入林中。草尖上、树叶上，晨雾渐渐飘散，晶莹的晓露打着闪。走在前面的温美玉一路为我指点：这带刺的枝干上结着的红果叫醉仙桃，是蛇药，起麻醉、保肝作用；这开着云朵似的白花、叶子像蜈蚣的草本植物叫飞天蜈蚣，也是蛇药，起镇痛、消肿的作用；这婀娜多姿、淡黄色的蝴蝶花能清热、通便；这未开放的野菊对蛇伤的早期治疗也挺有效……她如数家珍。武夷山真是块宝地呀，它的一花一草、一鸟一兽，经过科学的点化，都可以为四化建设服务。

我希望早点遇见蛇，小温却劝我别性急。忽然她指着羊肠小道旁的一丛紫金花说："你看！"

我忙顺着她手指的方向望去。啊，一只漂亮的花蝴蝶，拖着两条飘带似的长尾巴，在花丛中飞高飞低地采着花粉。噢，还有一只螳螂，正虎视眈眈地跟踪着它呢。这只螳螂体形特别，前胸只有普通螳螂的一半长，而那对又粗又大的锯齿形的大胫有普通螳螂的两倍大，呈肉红颜色，简直像两把血淋淋的镰刀。只见它灵活地托转着三角形的小脑袋，一步一步地悄悄接近蝴蝶。正当蝴蝶飘飘忽忽飞落下来的时候，它那对大胫猛地向上一举，一剪，那可怜的花俏飞虫未挣扎一下就身首分离了，成了螳螂的早餐。我不忍目睹这肉食性昆虫的饕餮，正要抬脚走开，蓦地眼前腾起一条黑鞭，在我还没看清是怎么回事时，耀武扬威的大胫螳螂已经不见了，伏在紫金花丛上的竟是一条颜色与花相仿的蛇！

我不禁发起愣来，小温却早已双手握住木叉移步上前了。她的一连串动作像过电影一样迅捷：木叉卡住了三角形的蛇头，小温的脚紧接着踩住了蛇尾巴，伸出一只手捏住了蛇的脖颈，木叉落地，另一只手又代替脚抓起了企图翻卷上来的蛇尾巴……

温美玉举起这第一个（条）俘虏，避开它疯狂喷射的毒液，眼明手快地把它掷入了铁笼子里。然后笑着对我说："这是颈棱蛇，卵胎生的毒蛇。它早就伏在花丛下面啦。我招呼你看的时候，指的就是它，而你只注意了鲜艳的蝴蝶和螳螂。"

我的脑子里还在回旋《庄子·山木》里的"螳螂捕蝉，黄雀在后"故事，为现实动物世界里更加生动的瞬息间一物物接连给前者带来毁灭的悲剧激动着。人是最聪明、最勇敢的，人必定是最后的胜利者。我正滔滔不绝地向张震发表着感想，不料一直笑微微听着我的张震大喝了一声："小心！"就把我的头使劲往下按。说时迟，那时快，他左手挥舞的蛇钳已经从我头顶上把一条半缠在竹枝上的碧翠碧翠的青竹蛇夹了下来。蛇首蛇尾绞扭着。好险，要是我再上前一步半步，它就要窜到我的竹笠上啦。现在，却成了第二个俘虏。

张震说，蛇是变温动物，过去也有人叫它们"冷血动物"。它们的生理机能受生活地点的环境温度影响很大。蝮亚科的蛇类头部都有一个热测位器官，能在一定距离内感觉出千分之几的细微温差。张震曾总结蛇类为适应气温变化而形成的活动规律，编了两个顺口溜："一年百天蛇不见，雷打惊蛰百蛇苏，五六两月水沟边，七（月）横八（月）

吊九（月）缠树。”“热天在阴凉，冷时多向阳，不冷不热天，活动最猖狂。”眼下正是夏秋之交的不冷不热天气，蛇类活动既然猖狂，也就成为采集它们的好时机了。不到两小时，二位蛇医已经捕到了五六个俘虏，都是毒蛇，都是研究所提取比金子还要贵重的蛇毒的资源。

在蛇的王国里，蛇类并不是唯一的主宰者，它们会遇到不少的强敌。有时，一群黑蚂蚁就能把一条活蛇吃得只剩下一副骨骸。就在我们前进的小道上，我们驻足观看了一场恶斗。一条半尺长的褐色蜈蚣出现在一条一尺多长的银环蛇面前，挑衅似的摆开了战斗架势，张开如钳的大颚，后迈动细密的二十二对节足，那条银环蛇仓皇应战，略略昂起脑袋，吞吐着舌头。蜈蚣先是笔直朝蛇爬行，可是突然一折身，从侧面纵上去，狠狠钳住了蛇的七寸部位。蛇中伤后弓身跳起来，偏转头咬住了蜈蚣的尾巴，并且竭力往喉管里吞。眼看着蜈蚣三分之一的身躯被吞掉了，那蜈蚣如钳的大颚仍牢牢咬定不放，蛇无论怎样翻前滚后，也摆脱不了蜈蚣。双方搏斗了将近十分钟。蜈蚣终于断了气，蛇这才把仇敌从嘴里吐出来，但张着口直喘气，连抬头的力气也没有了，我想趁机把这条银环蛇拾来，可是张震摆摆手说：“不中用啦，它也中了毒，活不长啦！”

我们跨过两败俱伤的战场，继续向前走。小温又突然收住脚步，深深地吸了几口气，轻声叫道：“有五步蛇！”

小温的细语吓了我一跳：那可是大竹岚里首屈一指的“毒蛇王”呀！

老张按定我的肩头说：“不要紧，它只是在附近。你闻到了一种鸡大便似的腥臭吗？那是五步蛇身上独有的气味。”

我们环顾四周，这里笔峰挺立，曲涧深沉，不远处有一领银白反光的瀑布从峭崖上跌落下来，发出轰轰的声响。小温和老师交换了一个眼色，向涧畔走去，我跟上几步，只觉得凉丝丝的水雾扑面而来。

再要往前走时，被老张拦住了：“你再向前走就危险了。五步蛇会老远地向人喷毒液呢。我们在这儿等吧！”

我顺着他的视线望去，小温已跨到了对岸，紧抿着嘴唇，双手握住木叉。在她的前方——一块阴湿的岩石上，果真懒洋洋地盘着一条七八斤重的五步蛇。……就这样，她又把摇着“龙头”咧着“虎口”的俘虏举了起来，掷入了铁笼子里。

“你真是个心细如针、胆大如虎的姑娘！”我钦佩地对她说。她浅浅一笑，却把笼子提到我面前问：“你看，它像不像昨晚被汽车碾死的那种蛇？”

我打量了一番说：“像倒像，就是肥多了。”

小温又一笑，解释道：“这是条雌蛇，肚子里有许多蛋，有的已经挤到肛门口了。这些蛋有身体的一半重哩！”

我想起街上耍蛇人的把戏，又问：“民间传说，只要懂一种法术，抓住蛇尾巴，用力抖几下，蛇的骨头架子就散了。而你为什么先抓它的头颈呢？”

张震说话了：“那是没有根据的。蛇的脊椎骨像链条一样，一节紧扣一节，哪能抖得散？”

“告诉你一个秘密。”小温背起铁笼子，回过头来对我说，“张老师正在考虑一项大胆的实验。”

“什么实验？”我马上拉住微笑的老蛇医追问。他——在生活的道路上经历过风霜雨雪、刀光剑影，酷爱着科学事业的知识分子，又为自己选定了什么新的课题呢？

“杂交。驯养。”张震的声音开始时并不太高，而且比较平淡，“把黑眉锦蛇与玉斑锦蛇杂交，或者把五步蛇与玉斑锦蛇杂交，创造出一种理想的蛇种来——外表美观，体型肥大，性情温驯，善于捕害鼠又不伤人畜，肉质白嫩而鲜美……岂不美哉?!”

“美哉，美哉！”我高兴地说，并且告诉他，在南美洲的巴西，有一种六米长的叫“基波拉”的蛇，许多城市和乡村都有出售。人们把它养在家里，它白天躺在楼板底下，天一黑就在各个房间里窜游，敏捷地捕捉老鼠，但从不伤人。

“比巴西蛇更美的蛇一定会在大竹岚蛇伤防治所里出现！”张震渐渐眉舒目朗，脸上流露出信心满满的神情，声音也压倒了瀑布的轰响，“这个设想，是一定可以实现的。即使我来不及了，还有美玉，她总是能做到的！”

捕蛇者们背倚着蓝天，脚踏着丹崖，肩并肩地往高处走去，衣服被山风吹鼓起来，却更显得英姿焕发。我的心头萌发了一个启迪：人站在山脚下仰望时，往往只看得见头顶只有一座高山，等攀登到达山头顶了，登高致远了，才又感到远方更高的峰巅还遥遥地不可及。在成就三百六十行事业的崎岖道路上，不也可能产生同样的体验吗？

辑六 珍爱 遥祝

我是港澳同胞的忠实朋友[①]

方主席，梁校长，各位校董、副校长，老师同学们，女士先生们：

在这个阳光明媚的早晨，首先请允许我代表所有荣誉博士领受人和家属，向香港公开大学给予的这份荣誉表示衷心感谢！我们都十分珍惜它。

对于我，今天的意义更不同寻常。由于公开大学的安排，使我在经历了人生一个甲子后又能回到学校，又与一群群明媚如阳光的年轻人相聚一堂。我出身教师世家，师范大学毕业，也曾在讲台上执鞭 10 年，很喜欢学校的氛围，这不仅因为教师这个富有神圣使命感的称号，还因为教师是与年轻人朝夕相处的，教学相长，可以分享年轻人敏锐、新鲜的思想，倾听他们火热的心跳……一个社会、一个国家乃至整个世界就是这样在一代代人手里发展、进步。我深信，纵然已满头华发，只要与年轻人在一起，就不会孤独、落伍。

人的一生服务社会的时间并不很长。我有幸在人生后半段全身心地听命于“一国两制”国策，参与了香港、澳门回归大业，成为中华

---

① 2009 年 12 月 17 日在香港公开大学颁授荣誉博士学位仪式上的讲话，原载于《我的港澳情怀：走过的路和思考》，中国文史出版社 2019 年版。

民族几代人前赴后继奋斗的最后一梯队中的一员，接着又继续为维护国家尊严和发展特区繁荣稳定尽了份绵力。我曾负责任地把祖国母亲的伟大关爱向 700 多万同胞传递，把同胞们的赤子之心向母亲奉献。尽管斗转星移，我仍年复一年地关注着香港澳门，我是港澳同胞的忠实朋友，永远不会改变。

回首历史，展望未来，我要自豪地说，港澳的确是祖国母亲的掌上明珠，也因有赖于母亲而成为福地。港澳的发展融入了 21 世纪美丽的中国梦，不仅能更好实现优势互补，而且能为特区遮风挡雨。老师同学们，这是大势所趋、人心所向。

香港是一个多元化的社会。唯其多元，才得以璀璨夺目，芳香四溢；唯其多元，才需要和谐包容、和衷共济。包括港澳同胞在内的全体中国人都应顺应历史的潮流。国好家安，福满香港，我愿把吉祥八字赠送给即将走出校门的每位年轻人！

再一次谢谢大家！

一浪更比一浪高
——《交接香港：亲历中英谈判最后 1208 天》后记[①]

过去的一年中，经历了多少个这样的白天黑夜，只要让自己静心埋进层层叠叠泛黄了的故纸堆里，或者端坐在酷似蓝天白云的电脑屏幕 Word 文档前，我的思绪就会像只振翅的相思鸟儿，飞向 20 世纪 90 年代难以忘怀的峥嵘岁月，那时的“蓝天白云”间轰鸣着香港回归祖国的脚步声，那最后一程的坚定步伐里有我一份微薄但是竭尽忠诚的努力……

香港回归，是中华民族史无前例的一大壮举。我有幸参与了其中，在一个横断面里一条主线的前端，充当过执行人之一。“天之厚我，可谓至矣”，这段经历“苟不记之笔墨，未免有辜彼苍之厚”，终于，我怀着一颗近乎圣洁的心，面对电脑键盘和显示屏上的 Word 文档，努力用真实来回忆、叙述这段关于香港过渡期的中英谈判历史——它的春夏秋冬，风云变幻，斑斓色彩和喜怒哀乐。这，是一段翻过去但不应忘记的历史。不忘记，也毕竟成为过去。历史引导的是向后看，但最终目的还是为了向前看，向前进。

---

① 原载于《人民日报》2012 年 9 月 8 日。

香港问题解决之后，中英关系不断向前发展，迎来了有史以来最好的时期。2007 年 4 月，我作为中国驻英大使的客人访问英国，受到朝野热情欢迎，当年的英方首席代表戴维斯为我主持在英中商会的演讲；前港督卫奕信特意从牛津赶来伦敦，领我参观英国国会大厦，了解上议院运作。18 日，傅莹大使陪同我会见英国贸易投资及外交事务国务大臣伊恩·麦卡特尼，这位工会领袖出身的大臣说：“我听说，你曾是我们英国最头疼但又是达成协议最多的谈判对手。”说完向脑后挥了挥手。“那段历史是我们两国共同写下的。”我转过话题，笑笑说，“我刚从北京来，那里的春天正风和日丽，花红柳绿；现在看到伦敦的春天也如此，十分高兴！”

书写完了，从丰富的、不无沉重的回忆里重新回到 21 世纪初的现实。我如释重负，舒畅地吸了口新鲜空气。回首往事，我确实已经把一生中最充沛的年华献给了养育我的祖国和人民。这本书，是我对香港政权交接那段历史的交代，也是对自己度过的那段岁月、对我的子孙们做的一个交代。然而，岁月赋予的使命和感知局限总是相辅相成的，书中难免会有偏颇。好在这不是“正史”，只是我个人的所经所历所思所感。所以，先要在此向读者们道一声 sorry。衷心感谢鼓励我、

1995 年中英谈判于北京钓鱼台国宾馆

鞭策我拿起笔来的诸位领导和亲友。衷心感谢在写作过程中给予我各方面支持帮助的同事和朋友，尤其是张露文、穆树新、李俊辉。

2011 年 5 月 28 日，一个阳光明媚的早晨，我和全国政协港澳台侨委员会的同事们赴港，应邀出席辛亥革命 100 周年纪念活动。中午，我们抵达香港赤鱲角机场后，驱车前往中环“新大陆”上的四季酒店。所谓“新大陆”，是我对香港回归后中环北段继续向维多利亚港填海延伸地域的昵称，历经 14 年沧海桑田的这块新土地上，已经耸立起当今世界一流的建筑群——香港国际金融中心、四季酒店以及地铁、机铁和巴士、轮渡的集散中心等。

车到酒店，有人打开车门。一位五十上下、精瘦干练的制服男士笑吟吟地一面招呼我们下车，一面道好。忽然，他礼貌地直视着问我：“您是陈先生吗？十多年前我在九龙的丽晶酒店服务，也为您开过车门，那次是您一家人来酒店吃饭……”这一情节虽已模糊，但我受到感动，握手寒暄了几句才进入酒店。这以后的三天，出入酒店，只要他在门外轮值，我们总要相视一笑，也并不交谈，不宜打扰他面对众

1996 年中英谈判于香港坚尼地道 28 号

多车辆、宾客的忙碌工作。31 日，离店的前一日上午，我和我的同事们走出酒店大门，正在候车，看见他疾步朝我走来。“陈先生，明天我没有班，不能送行。”他有些腼腆地从上衣口袋里掏出一张酒店的硬纸便笺，递给我说，“这个，给你留作纪念！”我接过来细看，是五行端正的竖写字：

陈先生留念：

“长江后浪推前浪，一浪更比一浪高。”

酒店员工 梁国鸿劣笔

二〇一一年五月三十日 香港

我周身热血涌动，紧握他的手。离开香港已经 13 年，离开国务院港澳事务办公室也已整三年，居然还有一位香港的普通市民朋友关注着我的行踪，因为“长江后浪推前浪，一浪更比一浪高”这两句话，是我 2008 年 3 月 5 日最后一次以国港办常务副主任的身份出席“两会”，在人民大会堂回答记者提问时说的，被当时的媒体广泛报道。我钦佩梁先生的记忆，他当时一定读了报纸，所以今天把这两句话作为

主旨，抄录并加上引号回赠给我。我感谢梁先生的关爱，他是在表示对我的认同、肯定、嘉许？抑或大而广之，对香港、对国家辉煌前程的赞美？我把梁先生用透明塑料纸仔细包装的这张墨宝贴胸放入衬衫袋里。在我后半生的诸多体验中，它真比一枚紫荆勋章还珍贵。这两句话，是我离开服务了20年的国港办前夕对祖国的“一国两制”事业、对国港办老少同事们的由衷祝福和寄语。当时，在这两句话前面我还说了一句：“一代人做一代人应该做的事。”

据说，香港中环原来临海的地方是现在德辅道中的有轨电车路。一代代勤劳、智慧、奋发有为的香港人移山填海，陆续拓展出了后来的告士打道、天星码头、大会堂和交易广场……它们都一度各领风骚，都有过碧波拍岸、接连海天的无敌亮景，然而随着时间推移，于今又都相继让位给了前面横空出世的中环“新大陆”上的新地标群。香港这座国际经济中心城市不断重塑着自己的现代化风貌，也不断重塑着自己勤劳、顽强、智慧的居民形象。

一代人做一代人应该做的事，每一代人的使命和局限都各有不同，事情永远做不完——社会就是这样发展的，历史就是这样写成的。长江后浪推前浪，一浪更比一浪高。香港回归祖国过渡期的中英谈判是

“长江”中的一个浪头。1997 年 7 月 1 日历史揭开新篇章，“一国两制”科学构想终于成为中国特色社会主义伟大实践的重要组成。投入祖国怀抱的香港，从此以一浪更高过一浪的气派奔腾向前，奔向波澜壮阔的大洋大海。

我与我心中的澳门
——《我心中的澳门》序[①]

蓦然回首，澳门已经迎来回归祖国的第 10 个年头。10 年前，我作为全国人大常委会澳门特别行政区筹备委员会委员、国务院港澳事务办公室副主任，有幸全程参与了澳门特区成立的多项准备工作。

那些日子，我是在澳门游子回家急切的脚步声和兴奋的呼吸声中度过的。

回归前夕的澳门三岛，时值一年中最寒冷的季节，但从大三巴到黑沙滩，从拱北口岸到湾仔码头，到处散发出微微的暖意，孕育一种蓄势待发的冲动。每天工作完毕，无论早晚，我总喜欢叫上秘书从办公的新华社澳门分社大楼，徒步走回坐落在西望洋山腰的新竹苑宿舍，一路上过大街穿小巷，为的是多看看一张张喜形于色、近乎热烈的面孔，耳际还能不时分享一首首熟悉的中国歌曲，不仅澳门同胞在放声高唱，土生葡人们甚至澳葡官员也加入了合唱。我最喜欢的一首是由闻一多先生作词、李海鹰先生谱曲的《七子之歌》，那饱含期盼的脉脉深情、隐藏忧伤的美妙旋律，经常拨动心弦，冲淡忙碌的压力："……

---

① 先后发表于《散文·海外版》、《人民日报》、香港《大公报》、《澳门日报》，2013 年 6 月 14 日修改于北京。

我离开你太久了，母亲！……我要回来，母亲！……”

那时澳门的经济和治安，在灯红酒绿的外表下真所谓千疮百孔，留给即将成立的中国特区政府的财政储备只有24.5亿澳门元（接近当时汇率同样数目的人民币），就连堂堂皇皇的澳督府，里面挂了几百年的系列名画一夜之间竟全“变”成了赝品。回归之初的澳门就像一个在外漂泊许久的流浪儿，带着严重的营养不良扑进祖国母亲的怀抱。其时，亚洲金融风暴正烈，澳门这样一盘薄家底不禁令很多人扼腕忧虑。

我和我的同事们却始终对澳门回归后的前途充满信心，我曾就此话题与美国国务院中国组高官、前任驻港澳副总领事以及英国驻港澳副总领事都交谈过，或许是因为我比一些朋友更清楚地看到，祖国母亲已经伸出了温暖而坚强的双臂，必将给予澳门无私的关爱和支持。10年来的事实胜于雄辩，全世界都已看到了，首任、连任行政长官何

澳门特区成立十周年时摄于议事亭前地

厚铧先生带领40万澳门同胞励精更始，安土乐业，一改回归前GDP连续四年的负增长，掉过头来以平均每年14%左右的速度扶摇直上，尽管禽流感、“非典”疫情、全球金融危机的冲击接二连三，10年的财政储备竟破天荒地增至574.3亿澳门元。

如今，澳门经济的船首正依照国家“十一五”规划的逐步实现，以旅游业为龙头、适度多元化的科学发展航向乘风破浪。国家主席胡锦涛曾亲临澳门指出：“在国家主体实行社会主义制度的同时，按照‘一国两制’方针把实行资本主义制度的香港、澳门两个特别行政区管理好、建设好、发展好，保持香港、澳门长期繁荣稳定，是中央政府治国理政面临的崭新课题，同样也是香港、澳门两个特别行政区政府面临的崭新课题。”澳门翻天覆地的变化、日新月异的发展，证明我们党和国家是完全有能力、有智慧解答好这个课题的。

10年来，澳门一直在我心中，从珠澳跨境工业区的设立到莲花口岸开通完善，从“9+2”省区经济合作到CEPA、自由行，从澳门历史城区成功申报世界文化遗产到东亚运动会成功举行，还有从输送抗“非典”医药、稳定面粉等粮食物价到调研经济脉搏、关注社会动态……我都有幸尽一份绵力在其中，有幸见证了这片不到30平方公里的中国土地越来越为世人所瞩目甚至震撼。每到澳门，我总要沿着半岛的南湾大马路或孙逸仙大马路走走，再驱车从西湾大桥上跨海，到氹仔、路环两岛转一圈，走马观赏雨后春笋般的各色建筑，观光塔、立法会、终审法院、驻澳部队军营、新体育场馆，以及高高在上的汉白玉妈祖巨像……有时还坐坐公共巴士，与纯朴、热情的市民们直接接触，所见所闻，真如同捧着一束洒着朝露的鲜花，富有感染力。

如今，我已经离开国务院港澳办岗位，到了全国政协港澳台侨委员会，澳门依然在我的心中。当《七子之歌》在我回忆里轻轻地、清晰地响起的时候，已是一页翻过去了的历史。10年前，我在珠海填过两首词，曾在澳门特别行政区成立庆典的主席台上呈请全国政协马万祺副主席指教：

如梦令·走访东澳区有感

山灵水秀沙金，天然东澳好景。平波环绿岛，最与港澳相邻。相邻，相邻，“一国两制”风行。

如梦令·迎澳门回归有感

日月辉耀濠镜，世纪更添喜庆。碧波绽宝莲，恰与紫荆相映。相映，相映，一统中华日近！

这一祈愿，10 年来既见之于澳门宝莲绽放，又形之于祖国统一大业历史步伐，甚喜甚慰。

在中华人民共和国澳门特别行政区成立的 10 年里，澳门基金会和百花文艺出版社《散文·海外版》杂志联合举办了三届以“我心中的澳门”为题的全球华文散文大赛，数以万计的名家文友用各具特色的文学风格，从各种角度记叙了澳门的历史、新生和茁长，抒发了自己的真情和灼见，篇篇佳作展示出中西交流之城的和谐与真善美，放射出中华民族的时代光芒。我以为，这不仅是澳门乃至全球华文文学界的一件盛事，也是中国澳门历史巨变进程中的一件盛事，三步三个脚印。我曾应约，接连为三届得奖作品集《我心中的澳门》写了序，千言一语：衷心祝愿我心中的澳门不断呈现绚丽篇章！

立足香港、拥抱祖国的心路历程
——《北上管理的艺术——一个香港银行家的三十年两地经验》序[①]

如果把香港称为“东方明珠”，中国内地就是孕育明珠的母蚌。

中国香港和内地这种血脉相连、相得益彰的关系，很为世界称道甚至羡慕。北方友邦俄罗斯羡慕中国，因为社会主义中国的发展有香港这样一个高度开放的、实行资本主义制度的国际经济中心城市不断作着贡献；南方友邦新加坡羡慕中国香港，因为资本主义香港的发展有社会主义祖国宽广的腹地和无私支持，出现天灾人祸还为它遮风挡雨。

60年的建国历史，记录了香港对新中国建设发展不可磨灭的贡献。特别是改革开放30年以来，“港资”“港企”“港式管理”和一些先进理念，在国家经济、社会、文化诸多方面的发展中扮演重要角色，创造了许多值得回忆的第一。小自银行营业厅里的一米线、商场的开架售货、公共场所的排队围栏，大到机场、地铁、社区、宾馆的创新管理，投资银行、律师、会计师、物业管理、慈善公益行业的创立发展以及超级市场的兴起等都得益于香港的经验，连“打的”“埋单”“物业”“按

---

① 写于2009年12月，原载于《我的港澳情怀：走过的路和思考》，中国文史出版社2019年版。

揭”这些香港话，也早已成了流行的口头语。所有这些，都是诚信、勤奋、讲求科学和效率的香港人带入内地的。

可以不夸张地说，无论香港人走到世界的什么地方，都会在那里衍出一番精彩。而他们进入同种同文同语的内地，更是如鱼得水，既为祖国发展贡献了聪明才智，也着实实现了个人的提升、事业的拓展。

王澎世先生就是到内地发展的香港人中杰出的一位。他是第一位出任内地银行行长的香港银行家，经历了一番“摸爬滚打”，尝过了“酸甜苦辣”，在这一职位上做出了为人称道的成绩。

多年来，王先生保持一个好习惯，即在繁忙工作之余启动文思，笔耕不辍，勤恳地把自己在内地工作、生活的见闻、感受记录下来，往往先与同事、朋友分享，然后积集成书。据说有厚厚一大本由他在汇丰银行中国部工作时写的短文集《王总的话》，至今仍在汇丰员工们手中流传。

摆在我面前的王澎世先生大作，原起名《北上取经》。我觉得不如叫《北上经验》：“北上”两字有双关含义，有从香港北上内地以及在北京、上海待过这双重意思。可能出于谦虚，归之于“取经”，似不够完

整，其实书里还有不少“传经”“送经”的内容，还有不少经历、心得，不如叫“北上经验”吧。

整本书都是作者的经验之谈，也是许多进入内地的香港成功人士共同的经验之谈；是作者的心路历程，也是许多进入内地的香港成功人士共同的心路历程。它从一个至今仍为世人关注的角度，真实地叙述了一部分香港人逐渐了解祖国、适应国情，调整“情意结”，投身报国的心路历程。书中开篇即说要“了解国情不做老外”。这在二三十年前，对于从小接受西方教育、喝洋墨水吃洋面包成长并已获得成功的香港人士来说不容易，甚至有点儿了不起。比如，了解国情首先要了解文化乃至语言习惯。内地有些话是“话里有话”，如果光按字面简单理解，可能会“谬以千里”。书中讲到一家外资企业向内地有关单位递交了一份申请书，事先已经“做了工作”，第一次得到的答复是“考虑考虑”；过了一段时间没消息，“再做工作”，得到的答复是“研究研究”，外企即以为成功有望，谁知许久仍没有消息，再问，得到的答复是“我个人非常支持”，于是赶紧向总部报喜，怎知事情还不见下文……其实，“考虑考虑”的意思可能只是收到申请书；“研究研究”的意思可能只是说这份东西还在手上；“我个人非常支持”其实是负面的话正面讲：不过单位或上司不（一定）支持，事情很难办成。这样的精彩例子在书中很多，读来增长见识，给人启示。所以，这本书不仅香港朋友值得一读，愿意了解中国、接近中国的外国朋友值得一读，生长在内地而又愿意放眼世界的朋友也值得一读。

今天，两地间的交流合作已经史无前例地密切和广泛，但又都各自面临新的要求。香港的国际金融中心地位、广泛的国际联系、高质量的大学资源和与国际接轨的经济体制、管理经验仍然是内地优化经济结构和实现经济社会全面协调可持续发展的宝贵资源，大陆广阔的腹地也依然是香港服务型经济的重要依托，互利合作仍应是两地发展的重要条件。但由于两地经济水平和发展目标的逐渐接近，资金、专才、货物、优质企业等生产要素配置的竞争性也逐渐增强，互利合作不再主要体现为产业单向性的“梯度转移”，而是在市场规律的作用下生产要素更灵活、更复杂的流通，两地间将更多地在竞争中提升合作交流和共同发展。在这种新的形势下，两地合则两利，是国家福祉；否则，既不利于港澳的繁荣稳定，也不利于内地经济结构的调整和发展。对此，作者是有清醒而深刻的认识的。他说，看来看去，香港的生活很容易带给我们一份自满……没有居安思危，欠缺危机意识……更难能可贵的是他看到了：现在要紧的是把双方的强项结合在一起，发挥团结的力量。金融危机，全球经济衰退，似乎只有中国这一块乐土欣欣向荣，我们结合力量，谁与争锋？

我想起董建华先生的一句名言：“香港好，祖国好；祖国好，香港更好。”这是已被无数次证明了的至理，包括港澳同胞在内的全体中国人都应该接受这一至理，顺应历史的潮流。作者立足香港，放眼世界，拥抱祖国，较早地接受并且顺应了历史潮流，他在港澳同胞中是一位先行者。

王漎世先生新书付梓，嘱我为文，以上所感，是为序。

香港将有更多这样的声音发出[①]

王惠贞委员送来即将付梓的新作《惠言贞音》。读完掩卷，不能不赞叹：书名和内容的确名副其实。

记得去年夏季，她作为全国政协港澳台侨委员会专题调研组成员，与我一起在广西壮族自治区调研考察。在钦州湾蔚蓝色的海面上，我们就国家、香港、中国香港同胞这些话题交谈甚多，涉及甚广。之后港澳台侨委员会形成的报告受到了中共中央和全国政协领导高度重视，主管港澳事务的习近平同志做出重要批示。习近平同志指出，港澳政协委员人才济济、群英荟萃，是爱国爱港、爱国爱澳的重要力量。要根据形势发展的需要，为他们在特区和内地更好发挥“双重积极作用”创造条件、提供帮助，鼓励他们为维护香港澳门长期繁荣稳定和国家经济社会发展多作贡献。

多年来，王委员正是以赤子之心，孜孜不倦、勤勉务实地在香港和内地发挥着可贵的“双重积极作用”。她本是英国曼彻斯特大学的金融专业高才生，毕业时有很多机构欢迎她去就职，但她选择了待遇并

① 写于 2012 年 12 月 1 日，原载于《我的港澳情怀：走过的路和思考》，中国文史出版社 2019 年版。

非最好的中国银行，原因是面试时遇到一道题——“在四个现代化里，香港的角色”。由此，她认为，“自己应将在外国学习的知识引进香港的经济理念，让经济视角更加多元化。香港需要发展，更需要人才，而中银是香港金融之眼，是香港的窗口”。

几年后，因需要她回到了家族公司，奔走于香港与广东、广西之间，并同时投身到社团与公益事业之中，表现出一名精英人士对香港、对家国的担当和奉献。香港特区成立以来，与祖国内地优势互补，共同发展，“一国两制”事业取得了举世公认的成功，但也经历了一个又一个新挑战，一些仍然存在的矛盾和部分比较突出的民生问题正需要解决。在这个历史进程中，王惠贞不袖手旁观，不怨天尤人，更不一味反对，而是以主人翁的姿态积极投入参与。她在两地参政议政，建言献策，提出包括《何时珠还合浦》《关于应该严管车牌的建议》《农村学童进城读书应一视同仁》等高质量提案，获得了教育部、交通部、解放军总后勤部等部门的感谢和响应；她也对香港发展提出颇多前瞻性的建议，如“尽快兴建香港机场第三条跑道”“香港应创办金融大学”“必须巩固香港会展中心地位”“驻港部队可多些参与社会公益活动”等。

她曾出任香港广西联谊总会会长，在前任基础上把会员从几百人发展到近三万人，每年开展的各项活动达百宗，“万人盆菜宴”已经成为一段象征全港爱国爱港社团团结兴旺的佳话。她当选九龙城区议会议员，积极维护市民利益，组织宣讲基本法，帮助青少年健康成长。2009年，为了让更多同胞了解新中国伟业来之不易，她资助、组织九龙各界六百多名社会精英乘专列赴井冈山，欢庆中华人民共和国六十华诞。

2012年8月，有人在香港掀起反对推行国民教育课目浪潮。王惠贞当时在一所中学办讲座，面对学生提出的这一敏感问题，她摆事实讲道理，平心静气地应对：“开展国民教育是全世界所有国家都会做的正常爱国教育，美国、英国、日本等无不如此。即使香港回归前在英国殖民统治下也一样有‘国民教育’，只不过那时播放的是英国国歌。而现在香港已经回归中国，当然要播放中国国歌啰，有什么问题？为什么英国在中国的香港搞‘国民教育’那些人没反对，如今真正回归自己的国家反而不可以搞国民教育了呢？”她以真诚和道理，最终赢得了在场师生的广泛认同。

面对“政党对立、社会分化、议事‘拉布’、暴力政治，甚至于公开挑战基本法等乱象频生”，她急在心里，质疑，反思，认为这极大地损耗香港的正能量，萌生了反乱匡谬的意愿：向非理智、暴力激进等有损港人权益的言行说不！这位年富力强的巾帼委员在本书的《自序》里坦言：“于是，我这个一向冷漠政治、不动文墨的‘商书生’，开始在公共场合、报章杂志开声发言，著文立说，目的就是为香港理性一族讲一句公平话，为香港爱国市民出一啖正气，为爱国爱港团体争一席话语权。”指责“只有反对而没有建设，只有拖延而没有促进，只有政治竞争而没有经济发展竞争，是对社会大众的极端不负责，也是香港的悲哀……”她道出了香港沉默大多数的心声。

在一篇文章《怀念香港速度》里，列举的数据让人揪心："香港的经济总产值已由80年代的百分之十几一路下降到目前的百分之一点几，几大支柱产业除金融外，大多已被或正被上海、北京、广东等地赶超，预测2015年，香港的经济规模将会落后于北京、上海等城市。香港不仅面临内地城市的挑战，更在整体上早已输给新加坡，过去十几年，新加坡平均经济增长为六点九，而香港只有三点九。"她唤起了更多人的理性与自觉，大声疾呼"香港需要放下'大香港'的包袱，从自我矛盾的阴影中走出来，融入大后方，融入珠三角，才能再次腾飞"。

她饱含深情地开宗明义："香港是七百万人的香港，更是全中国十几亿人的香港。香港正是为保持它的核心价值，才更需要维护基本法；香港人爱港，才更应该爱国。本人虽无高山景行之懿德，但却不失爱国爱港之情怀，无论做人、做事抑或作文，真正就是依托此家国理念。"我在引述王委员上述这些文字时，颇为之感动。

期望此书风行神州两地，有更多的人听到"惠言贞音"；而在香港，将有更多这样的声音发出。

为香港祝福[①]

我一口气读完了李佳佳的《十年，我和香港》，一本很好看的书，可以引发很多思考的书，现时很需要的书。

日前有朋友推荐，要我为这书写篇序。我在做决定之前想先了解一下作者其人，看一看书稿。会议之余，我会见了专门在茶室坐等的李佳佳。以前在凤凰卫视《香港话你知》节目里常见这位主持人，面对面却是第一次，第一次当面听她讲述对香港的感受。我觉得荧屏下的佳佳显得更活泼，更富有朝气，也更精干、坦率。她把厚厚的一摞打印稿交给我，我就成为了书作的第一位读者。

十年，她和回归祖国后的香港一起发展，变化，成长。从一个对香港知之甚少的内地大学毕业生，到香港大学硕士研究生，到香港的电视台主持人；从拖着行李箱住进连阅读文件都得往书桌下堆的袖珍宿舍，到与情投意合的校友凤凰于飞，同心奋斗，先租黄埔花园，后买楼下拥有海滨长廊的住宅，他们夫妇全身心地建设香港并且融入了香港，和香港日夜休戚与共。他们在这座开放的充满活力的城市里生根发芽，连接地气，茁壮成长，长成了千千万万根支撑这棵“大榕树”

①原载于《十年，我和香港》，世界知识出版社 2015 年版。

的气根中的两根。十年，能有这样的经历，对他们来说是成功的，幸运的。

李佳佳从小热爱新闻传播，一路获得科班的专业教育，学成后又立即投身其中，她的新闻触角是相当敏锐的，一草一木，一人一事，新闻无时无处不在，她也无时无处不在新闻中。从她写的这本书里，看到了她对社会细微的观察、深入的思考与客观的分析，而且文笔流畅，语言朴素，表现出一个传媒人对文字技巧的熟练掌握。她选择十年心路历程中发生在身边的见闻——例如就学、就业、住房、“双非”、奶粉、“蝗虫”，以及近期经常被争论的若干问题，用一个个生动的故事情节、一组组具说服力的数据图表，夹叙夹议地讲述了哺育她成长的香港的发展变化和祖国内地的发展变化，不遮丑，不虚张声势，客观真实，入情入理。她发表的善意议论，洋溢着一个有责任心的香港永久性居民中中国公民对香港的爱，这份爱挚诚且高尚。我以为，只要不存什么偏见，任何一位内地或香港的读者，都会理解和支持她。

从八千年前香港岛问世地球开始，它就与华夏大陆紧密相连，是一座血浓于水的移民城市。从上世纪 50 年代由于政治的剧变，数百万人从内地不同的角落移居到香港起，几乎每一个年代都有大批不同原因的新移民纷至沓来，70 年代在“文化大革命”的浩劫和煎熬中，不少人跨过罗湖桥，含泪回首向国旗鞠一躬，来到了香港；80 年代改革开放后，又有一批人来香港寻找新的发展机遇，香港成为内地年轻人眺望世界的第一窗口；直到 21 世纪初，一批像李佳佳夫妇这样的有为青年怀着求知、求发展的满腔热情，通过过硬的考试从深圳河彼岸来到了这里。无论先来后到，在这座移民城市里辛勤付出、安居乐业的所有居民，都是地地道道的中国香港特区居民，都是香港人。与此同时，也有以数十万计的香港居民涌到了内地各个省市，把握着国家发展的机遇，用自己的才干和汗水成就了辉煌的事业，他们也都是中国人。这种互通和交流，再次证明背靠祖国的香港是一个多元化社会，唯其多元才得以璀璨夺目，芳香四溢；唯其多元才需要和谐包容，和衷共济。

这本书的最后一章，佳佳展望香港的未来，忧喜交集，使我受到感动。她在第一段中就发问：“面对挑战，香港，你还能安枕无忧吗？”

作为香港社会的一分子，她并不认同某文化评论员推出的《香港城邦论》，那书鼓吹“香港只有不参与内地的发展，才是自己未来的出路”。我想，绝大多数香港理性民众都会同李佳佳一样批评这种近乎自绝的所谓“本土主义”的看法。回首历史，展望未来，我要自豪地说，香港的确是祖国母亲的掌上明珠，也因有赖于母亲而成为福地。北方的友邦俄罗斯羡慕中国，因为中国的发展有这样开放的国际经济中心城市香港；南方的友邦新加坡羡慕香港，因为香港的发展拥有这样广阔的祖国腹地，不但优势互补，而且挡风遮雨。李佳佳和许许多多的有识之士都看到，香港和祖国内地在共同发展中的联系合作从来没有像今天这样密切和广泛，大势所趋，人心所向，这是全中国人都应该顺应的历史潮流。

全书的最后一段，作者发问和慨叹的最后一句话是：“香港，你知道自己的好吗？温和、自信地迎接你的未来吧！”香港的优势仍在，明天当然更好。在“一国两制”的实践中已经形成了一个颠扑不破的共识：香港好，祖国好；祖国好，香港更好。我想这一定也是李佳佳的见识。

让我们一起来为祖国、为香港祝福吧！

珍爱　遥祝
——《吕志和传》序①

沧桑百年，国际的政治、经济机遇叠加，历史潮流风云际会，让香港变成了一个神奇的财富聚宝盆。这神奇，主要由生生不息的中国香港人创造，本书主人公吕志和先生就是一成功代表。

我与吕老相识，是在一次经国际小行星中心颁定、以中国人名字命名新星的仪式上。那天，吕老笑容可掬，头戴一顶英伦男士帽子。他平和亲切的个性让我们很快便相谈甚欢，从最早做老板到做老板时间最长的点滴心得，谈到亲历日寇暴行和沦陷期发行的军票战后竟不认账，从当下香港面临历史性转变出现的种种“怪现象”，谈到中国香港基本法主张行政主导，循序渐进发展民主。之后认识日深，更感其谦厚睿智、慎言笃行，每每语出挚诚，深具儒商大家之风。

从十二三岁沿街提篮卖小食，在动荡变迁中自力更生，以至于建树多个行业，遍及香港、内地和海外，他的成功所在是不流于只谋求事业发展做个生意人，而是成为一位真正为回馈社会、建设国家做出全心奉献的大企业家。犹记 20 世纪 90 年代，我曾在北角海嘉华国际

---

① 2015 年 12 月写于北京，原载于《我的港澳情怀：走过的路和思考》，中国文史出版社 2019 年版。

中心吕老办公室里，见他隔海眺望九龙观塘西的青山，一往情深地说：“那座山上的石头几乎被采光了。可是多年来我们都边开采边绿化修复，虽然成本提升，但心安理得。”那是号称“建材大王”注重环保的卓识和大公襟怀，亦是出于对贡献祖国、香港的满腔热诚。

那时适值改革开放初期，内地建设热火朝天，吕老早已配合国家发展方针，开始进入内地建筑材料及房地产市场，创办首批港资企业。之后，他又孜孜不倦地引进创新建材技术与环保产品，并与大型钢企合作，朝着一个更比一个高的节能减排目标进取。

家和万事兴，这句古训应验了吕氏家风，“和”字蕴含了许多朴素的中华民族美德。源自侨乡江门的吕氏五代，先祖为了生计，曾逼不得已离乡背井，与成百上千被称为“猪仔”的华工，穿越重洋到美国当苦工，以长期坚毅艰辛的拼搏养育着乡间的一家老小，可以说是中国近代其中一个从苦难走向辉煌的历史缩影。吕老自幼领教于先祖的传统，培养出勤奋与自力更生的特质，亦特别珍惜友爱及和谐，尤以家庭及家国之情义为重。吕老育有三子两女，个个成才，每逢岁末，孩子们不管身在何处，都要举家集合到父母亲膝下，前呼后拥着二老到祖国内地去走走看看。吕老和长子耀东先后都是全国政协委员、多个省市的荣誉市民，却从不用当地政府部门来安排接待，整个家族租几辆中巴车低调地开到哪儿住到哪儿吃到哪儿，这是祖上百年前定下的规矩，意在子孙们代代了解民情，亲近祖国，把这血浓于水的情感融入各自事业中去。

如今，吕老已把对家族家乡的关爱善举博及大千世界，从香港辐射到五洲四海。不久前，他心愿多年的“吕志和奖—世界文明奖”终于问世，如春风化雨，弘扬真、善、美，感召奋发有为的年青一代，为实现世界和谐美好播下了一颗饱满的种子。掩卷合上《吕志和传》，感想联翩，在京城遥祝吕老及合家大小基业常青，幸福长绵！

天高途远的情怀[①]

家乡老友、学者吕良弼兄精诚所加，历时三年，编辑了一本很有意义的《天远楼集》。

这本65万字的文集，展现了一位情怀家国似天高、比途远的中国知识分子毕生，以及他贡献于文坛教坛的丰硕成果。

天远楼楼主，即是我未曾谋面却久仰多年的老师——郑庭椿教授。早在上世纪60年代初，我在福建师大长安山就学时，就听说中文系有四位当今格律诗大家，他们相互时有赋赠唱酬，偶尔也有佳篇流传到比邻的外语系学生宿舍楼里；其中的郑庭椿教授不仅诗词了得，而且通晓多国外文，译著等身，特别是对于19世纪俄罗斯文学和20世纪苏联文学的研究颇广颇深，他对托尔斯泰、高尔基等作家及名著的精彩讲评，直让同学们听得忘记了下课。当时我正在备考北京大学的当代苏联文学研究生，特别想去旁听几节郑先生的课，可惜校规不能允许。“文革”结束后，听闻郑先生调到外语系工作了，有人觉得不太对口，我却以为更加人尽其才，定能为我毕业所在的母系给力添彩。80

---

① 2021年10月写于北京，发表于2022年福建教育出版社即将出版的《天远楼集》。

年代，我在中国新闻社福建分社担任社长期间，又听专稿组的同事说起，郑先生还是我社的老作者，多篇描写八闽大地风土人情的散文游记，很受东南亚华文报刊的欢迎。

因缘际遇，尽管几十年里传闻入心，心存尊敬，却无缘领受郑教授的耳提面命，实属遗憾。现在展开这本文集，先生的情怀和成就集中地跃然纸上了。

郑教授少年时家境清寒，1933 年考取福建省第一届清寒学生奖学金，遂北上入学燕京大学；1937 年即升入燕京大学研究院为研究生，并兼任助教。不平凡的 1935 年 12 月，他和数千名本来从不问政治的“书生”投身中国共产党领导的一二·九运动中，成为一名立誓保全中国领土，“河山遍插抗倭旗”的热血青年。诗言志，当月 16 日他在参加了轰轰烈烈的第六次示威游行后，用格律诗记下自己和同学们的壮举：“便门志士抗争烈，一路诸生团结多。水势难拦敢死队，枪声益壮救亡歌。”从此，他在时代的洪流中跌打滚爬，砥砺前行，半个世纪后发出了更加开阔深沉的抒怀：“掬但丹心怀祖国，睁还青眼望全球。”

郑教授的格律诗创作几乎伴随一生。他的诗词或述事记游，或怀人咏史，尤其 1949 年后的新作充满了对新中国取得的伟大成就、对福建山海壮美的赞美和热爱，除了像在教案里引用的马雅可夫斯基诗句“无论是歌，无论是诗——都是炸弹和旗帜”外，还有浓浓的赤子之爱和感人的浪漫心语。品味其中，还可以发现一个鲜明特点，他的诗是与时代同行的，当代人易懂上口，几乎找不到什么孤僻之典，这种推陈出新的创作风格对于今天的格律诗发展有着重要的启示价值。

郑先生具有厚实的国文根底，同时精通英俄法文，仅收入本集中的译作就有美、英、法、德、印度、波多黎各、罗马尼亚、苏格兰等八个国家的小说、散文和论文。还值得一提的是，早在 1945 年由改进出版社出版的他与高君纯先生合译的美国《军事心理学》一书，是二战时期美国 59 位现代著名心理学家合作的成果，至今国内仍少见到此类译著，他山之石，或可借鉴。

郑庭椿教授数十年都以母亲河闽江为游泳胜地，年近九十仍下水冬泳，加之心阔延年，终于 94 岁高寿才驾鹤西去。

他以全部生命积极参与并见证了祖国人民推翻“三座大山”的压迫奴役站起来、富起来到逐渐强起来的历史变迁。今天，在中国共产党成立百年大庆时刻，“千载人犹说懿忠”，他定当含笑于九泉。

郑庭椿教授的《天远楼集》，在一定意义上说，是一代中国知识分子历史命运的写照。

为仙游《仙作》作序[①]

我的故乡福建不仅声名“多福”——福州、福清、福安、福鼎，还有一个美丽的小城名字令人向往——仙游。它位于东南沿海中部，从海拔1800米的戴云山到比邻妈祖圣地的湄洲湾，一条木兰溪分叉出无数的溪流，纵横在广袤的莆仙原野上，哺育了从新石器时代至今上下一万年的灿烂文化，置县1300年享誉了“文献名都，海滨邹鲁”的美称，历朝历代共从这里走出4名宰相、13名尚书、28名侍郎、5名状元、近700名进士，“科甲冠八闽”。难怪，八方大仙行经这片人杰地灵的山水宝地，都不能不驻足观赏嘉许，品尝特产的鲜果桂圆、枇杷、蜜柚子，心旷神怡……

在当今提倡文化大发展大繁荣的春风里，仙游又穿越时空，推陈出新，诞生了蜚声中外的“仙作”。所谓“仙作”，就是指被中国工艺美术学会隆重授予“中国古典工艺家具之都”仙游制作的古典工艺家具。这类家具巧妙地融合了传统国画、雕刻艺术与家具制作的技艺，延续并创新了明清家具的款式，蕴含了一代代仙游人的文化理念和审美情趣；而且作为集文化工艺品之精华的实实在在的家具，又以款式

① 原载于《老何侃仙作》，新华出版社2012年版。

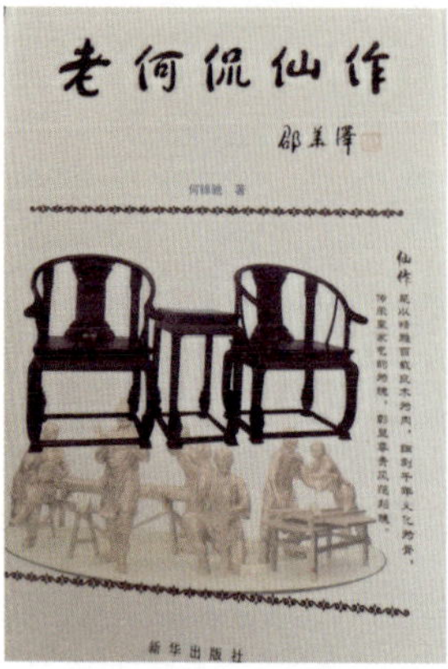

典雅、结构严谨、用料考究形成了自己的风格，与“苏作”“京作”“广作”并称为明清古典家具的四大流派，在众多国际、两岸、国内博览会和央视、新华社等媒体节目里光彩夺目，方兴未艾。

据报道，这一文化产业自21世纪开纪兴起至今的十多年里，已经成为仙游全县的重点产业，从业人员达到十万之众。谁是这十万之众的领军人物呢？新华社福建分社与仙游人民政府、福建省古典工艺家具协会联合创办的“仙作网”告诉我，仙游县政协主席何锦驰是也。在“仙作”行业里，何锦驰同志是一位百折不挠的探索者，“仙作”理论的开拓者，是一位把人生追求与地方百姓命运维系一身的践行者。他不仅组织仙游工艺企业家们数度晋京，全方位、多层次地推介“仙作”品牌，先后七次上中央电视台的不同节目鼓吹宣传，而且亲自在“仙作网”开辟《老何侃仙作》栏目，一连“侃”了十二讲，着实提升了红木家具在海内外的影响力。新华社福建分社评价何锦驰说，他培植了一个产业，打造了一个团队，铸造了一个品牌，成就了一批精英，富裕了一方百姓，创造了一个奇迹。诚哉斯言。

一位独具匠心的人，应该受到社会的尊重；一位不但独具匠心而且团结组织行家们共同打造出辉煌业绩的人，更应该受到社会的尊重；

何况他是这个仙游县四套领导班子的主要负责人之一，在一个多党合作和政治协商的重要机构里领导着一众荟萃各行各业精英的人士，围绕中心，服务大局，作出了不同凡响贡献的人。

为了仙游“仙作”，为了如此贡献的政协同事，我乐意在《老何侃仙作》付梓之际“添足”几句，作是序。

信与缘[①]

不只书里的二十篇佳作，连这书名《我信有缘》也包含博大，颇有意思。

书信是自人类社会诞生以来摆脱时空限制，进行沟通交流的不可或缺的重要工具。从远古时候在山洞里结绳记事，到2200多年前秦始皇下旨在遥远的长江三角洲筑高台置邮亭，都是为了“见字如晤”的信息传播。书信的门类繁多复杂，规格与时俱进，但无论是竹简、纸笺还是电子短信、微信，都相当真实地记录了历史的点滴风云，透露了写信人的意愿和情感。

本书作者独具匠心，历尽辛苦，倾注一二十年时间，收集了大批逆市上扬的近现代文学家、艺术家、翻译家、出版家的信札，很是难能可贵；在进入了习近平中国特色社会主义新时代的今天，站在新的历史高度回看，视角新了，很有史料和艺术的研究价值。

他曾在上海举办一个影响不小的《文心灿烂——中国近现代学人手迹展》，之后又把收集这些展品过程中的有趣经历和感悟写成了一篇篇语颇隽永的散文。为准确翻译鲁迅的“横眉冷对千夫指，俯首甘为

---

① 写于2020年3月，原载于《我信有缘》，文汇出版社2022年版。

孺子牛”两句诗，唐弢、叶君健、邵荃麟、沈雁冰四位大家在信函交驰中反复切磋斟酌，足见求“信达雅”之难。上世纪60年代一场突如其来对“童心论”的批判，让有“中国安徒生”之称的陈伯吹在与知己通信中，唯有欲言又止的委屈、痛苦和无奈。可谓“尺素留声”，那些鲜为人知的文字经历一个甲子后，仍能让新世纪的新人们生起对一位怀抱家国深情知识分子的同情，对那种粗暴荒谬批判的批判。

“信”字在中国的《辞海》里有两解，一是书信，另一是诚信。诚信是成功的钥匙，民国时期爱国将军冯玉祥说：“对人以诚信，人不欺我；对事以诚信，事无不成。”我注意到，书里还有几篇记叙作者与几位意趣相投的师友交往的故事，“往事慢慢细讲”，一位忘年交、著名昆曲表演艺术家俞振飞的高足自知时日无多了，竟唤作者来病榻边，把一叠黄黄的旧纸托付给他，说：“你拿去吧。这真的是件宝贝。”原来是俞老临上海解放时手抄的《孔雀东南飞》，“通篇自然流畅，笔墨圆润，满纸的沉秀儒雅，用书法的标准来审视，无疑称得上逸品”。临了还叮嘱，不要声张赠件人是谁。作者承诺了，又从书商手中觅到两张俞老兴冲冲从香港赶回上海迎接解放的照片，连同这幅墨迹珍藏起来，即使下笔这篇《俞振飞的手抄〈孔雀东南飞〉》回忆录，也始终为知遇的长辈隐姓埋名。

全书所摘引的书札原文不在少数，都是名人当时朴实老到、炉火纯青的精华之作，“都生动、都儒雅、都朴实、都厚重，所表现出的文词和艺术的魅力，都闪着光芒、透着温度，都震撼人心”。加上了作者对这些书札背景的介绍、考证、诠释、评论，以及感情饱满的干练描述，更引人入胜，可以说是“散文中的散文”。据闻，作者已有好几本编著的名人书信集出版，他在这方面的丰富积累，称得上“财大气粗”。

我与唐吉慧先生未曾谋面，但有一份缘，同是黄浦江口的宝山故乡人，况且他还是享有“上海文化新人”称号的后起之秀。经堃瑜中介，就有了先读为快的机会，写下了这几句读后感。

半个世纪的美丽的花
——写在《郭风作品选》出版时[1]

半个世纪前，在阳光灿烂、碧波白浪的福建兴化湾畔，住着一位聪明的、酷爱读书和幻想的好孩子。清早，天还没亮，他就被窗外那棵老龙眼树上的喜鹊和白头翁唤醒了。他透过疏密不均的枝叶，看天上一颗颗闪烁着的小星星，他睁大眼睛……得起床读书了。他最喜欢读地理故事，读着读着，眼前出现了一片莽苍苍的大森林：一只小鹿跳出来，沿着小河奔跑，这条河渐渐变成了浩荡的密西西比河，小鹿跳上了一条独木舟，和印第安人划桨捕鱼去了……突然，花丛里飞来了一只有斑点的黄瓢虫，落到书页上，摇摇摆摆地爬行。他握住铅笔，小心地把它拨开，说："你等会儿再来玩，好吗？让我把这篇文章读完了……"在他的家乡莆田县，四季如春，孩子们都赤足上学校。他每天放学回家，都要在生满青苔的石井里汲一桶水，冲冲沾了沙土的脚丫子……他最喜欢听大人讲故事、唱童谣，学得最早的一首"民间童话诗"是："天乌乌，快落雨，阿公拿锄头，河边去挖芋……"这"好孩子"呀现在已经成为一位著名的作家爷爷了，他就是郭风。

如今，他的头发花白了，但眼睛还是那么明亮、热诚。握笔整整

---

① 写于 1983 年 10 月，原载于《新苗芳草绿荫与大竹岚》，作家出版社 2010 年版。

五十年，他始终以一个聪明、多情的好孩子的目光发掘着美好的事物、美好的情思，为孩子们辛勤地写作。他明知道儿童文学被有的人轻视，视为“小儿科”，可是他抱定了信念：为下一代生产精神食粮是崇高的事业。既然献身于这个事业了，就得坚定地向前走，义无反顾。

在中国和东南亚，几代的小读者都知道，郭风爷爷创作了大量的儿童诗（其中一半是童话诗）、儿童散文和散文诗。他只用寥寥几笔，就描绘出了笑迎金太阳的向日葵、苍翠而慈祥的大榕树，就让读者听到了牵牛花吹出的喇叭声、闽南和台湾人民喜爱的南曲旋律……他心上的“叶笛”热情歌颂着亲爱的乡土、亲爱的祖国……总之，他给了孩子们的眼睛以诗意，给了一颗颗童心以想象的翅膀。然而，他却谦虚地把这些作品称为“一朵普通的花”。啊，这朵开放在文学百花园里的“普通的花”，吐着越来越浓郁的芬芳，最近，中国少年儿童出版社把它收集起来，出版了《郭风作品选》。请读一读吧，它一定能使你获得充分的艺术享受，帮助你了解郭风创作的特色和为人。

郭风爷爷永远年轻。他现在担任着中国作家协会理事、福建分会主席、省文联副主席，每天要处理许多行政事务，但仍旧“闻鸡起舞”，清早就起来写作，而且从不请创作假。由童年起床读书到现在清早写作，可以说是郭风辛勤一生的缩影。他不仅辛勤地写作，而且辛勤地培养文学队伍中的新人。他语重心长地对后来者说：“如果有人以为儿童文学创作可以不下功夫，可以轻率用事，好像只有那些足以传世的、写来可以为‘成人’赞赏的作品，才是高级劳动，这是很大的误会。”